车联网通信中节点自私性研究

阿喜达 著

北京理工大学出版社
BEIJING INSTITUTE OF TECHNOLOGY PRESS

版权专有　侵权必究

图书在版编目(CIP)数据

车联网通信中节点自私性研究 / 阿喜达著. -- 北京：北京理工大学出版社，2024.1
ISBN 978-7-5763-3256-8

Ⅰ. ①车… Ⅱ. ①阿… Ⅲ. ①互联网络-应用-汽车-无线电通信-研究②智能技术-应用-汽车-无线电通信-研究 Ⅳ. ①U469-39

中国国家版本馆 CIP 数据核字(2024)第 002466 号

责任编辑：钟　博	文案编辑：钟　博
责任校对：刘亚男	责任印制：施胜娟

出版发行 / 北京理工大学出版社有限责任公司
社　　址 / 北京市丰台区四合庄路 6 号
邮　　编 / 100070
电　　话 /（010）68914026（教材售后服务热线）
　　　　　（010）68944437（课件资源服务热线）
网　　址 / http://www.bitpress.com.cn

版 印 次 / 2024 年 1 月第 1 版第 1 次印刷
印　　刷 / 保定市中画美凯印刷有限公司
开　　本 / 710 mm×1000 mm　1/16
印　　张 / 12.25
字　　数 / 166 千字
定　　价 / 79.00 元

图书出现印装质量问题，请拨打售后服务热线，负责调换

前 言

车联网（Internet of Vehicles，IoV）是一种基于通信技术的智能交通系统的数据通信网络，旨在提高道路交通的效率、安全性和可持续性。它将现代汽车、道路设施和通信技术结合，以实现车辆之间的互连互通和车辆与基础设施之间的数据共享。车联网的发展需要先进的通信和信息技术支持，包括无线通信技术、传感器技术、大数据分析技术等。虽然车联网为人们的出行带来了许多方便，但它也存在很多需要改进和解决的问题。本书围绕车联网通信中节点自私性，分析了其对网络通信性能的影响，介绍了有效的检测方法和激励机制，为智能交通和车联网通信领域的科研爱好者们提供技术层面的参考依据。

"自私性无处不在，车联网也不例外。"

自私节点对网络通信性能有多大危害？本书首先在更具普适性的移动自组网中量化分析了自私节点对网络通信性能的影响；然后将类似的评价方法应用于车联网，分析了自私节点对车联网通信性能的影响；最后总结了节点自私性对网络通信性能的危害及其主要特征。

怎样有效检测自私节点？有效检测和判别自私节点对设计和开发车联

网路由算法、资源分配策略以及分布式数据共享等具有重要作用。然而，传统移动自组网中的检测方法无法直接移植到高移动性、拓扑结构快速变化的车联网环境中。本书详细介绍了一种基于模糊逻辑理论的自私节点检测方法，相比于传统方法，它可以在复杂的车联网环境中更有效、更公正地检测自私节点。

怎样通过激励自私节点提高网络通信性能？有效的激励机制可以充分挖掘网络中的潜在通信和计算资源，从而进一步提高网络资源的利用率，最终提升网络的整体性能。本书详细介绍了一种基于强化学习的自私节点激励机制。该激励机制可在复杂的车联网环境中有效激励自私节点，避免车辆移动性和不稳定链路导致的假自私行为的错误惩罚，从而让更多车辆节点参与网络通信进程。

本书详细介绍了车联网通信环境中自私节点的影响、检测方法以及其激励机制。本书不仅包含理论介绍，还列出了具体仿真试验平台及其详细参数，有利于读者学习和复现本书中的算法。

在此，特别感谢樊秀梅、策力木格等老师，他们在本书的编写过程中提出了很多宝贵的建设性意见。同时，感谢我的家人、同事以及朋友们的大力支持和鼓励。没有你们的鼓励和支持，我难以顺利完成本书的编写工作。

鉴于本书植根于我攻读博士学位期间所做的研究，特此感谢西安理工大学的培育和包头师范学院的大力支持。

由于作者水平有限，书中难免存在不足之处，恳请读者批评指正。

作　者
2023 年 11 月于东京

目 录

第1章 概述 ………………………………………………（1）

1.1 研究背景及意义 ………………………………………（2）

1.2 研究现状及其挑战 ……………………………………（3）

   1.2.1 自私节点的评价 …………………………………（5）

   1.2.2 自私节点的检测 …………………………………（6）

   1.2.3 自私节点的激励 …………………………………（10）

1.3 研究内容 ………………………………………………（13）

   1.3.1 自私节点对网络性能的影响 ……………………（13）

   1.3.2 自私节点的检测技术 ……………………………（14）

   1.3.3 自私节点的激励机制 ……………………………（16）

1.4 本书的主要创新点 ……………………………………（17）

1.5 本书的主要工作及章节安排 …………………………（19）

第2章 车联网通信技术 （21）

2.1 车联网数据传输技术 （22）
- 2.1.1 IEEE 802.11p 协议 （22）
- 2.1.2 VANET 通信 （25）
- 2.1.3 AODV 路由协议 （27）
- 2.1.4 C-V2X 技术 （29）

2.2 车联网数据分发技术 （33）
- 2.2.1 基于广播的数据分发技术 （34）
- 2.2.2 基于多跳通信的数据分发技术 （37）
- 2.2.3 基于蜂窝网的数据分发技术 （39）

2.3 车联网通信技术应用 （43）
- 2.3.1 安全类应用 （43）
- 2.3.2 环境类应用 （44）
- 2.3.3 便利性和商业类应用 （45）

2.4 车联网仿真平台 （47）
- 2.4.1 OMNeT++ （48）
- 2.4.2 INET Framework （49）
- 2.4.3 SUMO （50）
- 2.4.4 Veins （53）

2.5 本章小结 （54）

第3章 网络中自私节点影响的量化分析 （55）

3.1 引言 （55）
3.2 自私节点及其分类 （56）
- 3.2.1 自私节点的定义 （56）
- 3.2.2 自私节点的分类 （57）

3.3 自私节点对 MANET 性能的影响 （58）

3.3.1 相关研究 ………………………………………………… （59）
3.3.2 基于能耗的自私节点 …………………………………… （59）
3.3.3 评价方法及其指标 ……………………………………… （61）
3.3.4 仿真环境 ………………………………………………… （63）
3.3.5 试验结果 ………………………………………………… （65）
3.4 自私节点对 VANET 性能的影响 …………………………… （75）
3.4.1 相关研究 ………………………………………………… （76）
3.4.2 评价方法及其指标 ……………………………………… （77）
3.4.3 仿真环境 ………………………………………………… （80）
3.4.4 试验结果 ………………………………………………… （83）
3.5 本章小结 ………………………………………………………… （90）

第4章 车联网通信中自私节点的检测方法 …………………… （92）

4.1 引言 ……………………………………………………………… （92）
4.2 相关研究 ………………………………………………………… （93）
4.2.1 基于监视的检测方法 …………………………………… （93）
4.2.2 基于确认信息的检测方法 ……………………………… （95）
4.2.3 基于机器学习的检测方法 ……………………………… （95）
4.3 模糊逻辑控制 …………………………………………………… （96）
4.3.1 模糊逻辑控制系统 ……………………………………… （97）
4.3.2 模糊逻辑控制的优、缺点 ……………………………… （99）
4.4 基于模糊逻辑的自私节点检测方法 ………………………… （100）
4.4.1 MAC 层监视模块 ………………………………………… （101）
4.4.2 网络层检测模块 ………………………………………… （104）
4.4.3 综合评级模块 …………………………………………… （107）
4.4.4 模糊逻辑决策模块 ……………………………………… （109）
4.4.5 感知模块 ………………………………………………… （115）
4.5 仿真试验 ………………………………………………………… （117）

  4.5.1 评价指标 ………………………………………………（117）
  4.5.2 仿真环境 ………………………………………………（119）
  4.5.3 试验结果 ………………………………………………（121）
 4.6 本章小结 …………………………………………………（130）

第5章 车联网通信中自私节点的激励机制 ………………（132）

 5.1 引言 ………………………………………………………（133）
 5.2 相关研究 …………………………………………………（134）
  5.2.1 基于信任度的激励机制 ………………………………（134）
  5.2.2 基于声誉的激励机制 …………………………………（135）
  5.2.3 基于博弈论的激励机制 ………………………………（136）
 5.3 强化学习 …………………………………………………（137）
  5.3.1 Q-学习 …………………………………………………（139）
  5.3.2 Q-学习的优、缺点 ……………………………………（140）
  5.3.3 引入Q-学习算法的理由 ………………………………（141）
 5.4 基于Q-学习的自私节点激励机制 ………………………（142）
  5.4.1 多跳通信联合博弈模型 ………………………………（143）
  5.4.2 模糊逻辑评估模块 ……………………………………（145）
  5.4.3 Q-学习激励模块 ………………………………………（152）
  5.4.4 Q-表更新示例 …………………………………………（154）
 5.5 仿真试验 …………………………………………………（157）
  5.5.1 评价指标 ………………………………………………（157）
  5.5.2 仿真环境 ………………………………………………（159）
  5.5.3 试验结果 ………………………………………………（160）
 5.6 本章小结 …………………………………………………（166）

第6章 后序 ……………………………………………………（167）

参考文献 ………………………………………………………………（172）

第1章 概述

随着通信技术和物联网技术的快速发展,车联网作为信息通信与汽车交通深度融合的产物,已成为物联网体系中发展潜力最大的领域之一,日益多样化的智能交通应用要求车联网具有更快的通信能力和更高的计算能力,只有多车协同才能更好地支撑此类计算密集型和延迟敏感型应用。然而,网络中的节点(车辆、路侧单元、智能手机等)属于不同的利益体,从个人利益出发,为了节省自身的有限资源而不愿意协助其他节点,这种自私行为会严重影响智能交通应用的服务质量。因此,分析自私节点对网络性能的影响、检测其存在性,以及开发有效的激励机制等自私性研究成为车联网领域备受关注的研究方向。本书以此为研究内容和目标,通过多维度量化分析自私节点对网络性能的影响,设计了车联网环境下自私节点的检测机制,最后提出了自私节点的有效激励机制。

本章首先介绍了车联网环境下节点自私性的研究背景及其意义,然后总结了研究现状及存在的挑战,最后阐述了本书的主要创新工作和具体章节安排。

1.1 研究背景及意义

2019年，中央经济工作会议重新定义了基础设施建设，把5G、人工智能、工业互联网和物联网定义为"新型基础设施建设"（简称新基建）。随后，2020年，以物联网为代表的"新基建"，作为国家战略被写入两会政府报告。车联网作为信息通信与汽车交通深度融合的产物，已成为物联网体系中发展潜力最大、场景需求最为明确、社会效益最为显著的产业领域之一。发展车联网，对实现十九大报告中"加快建设交通强国"和十四五规划纲要中"要建设现代化基础设施体系，助力车联网向高级别集成智能化网联化发展"意义重大[1]。

随着通信技术、传感技术、控制技术、人工智能技术的快速发展与瓶颈问题的不断突破，高级别无人驾驶作为智能网联汽车技术发展的终极目标，引起了学术界和工业界的高度关注，并逐渐显现出实用化的趋势[2]。

随着机器视觉、移动通信、增强现实（Augmented Reality，AR）、虚拟现实（Virtual Reality，VR）和路车协同技术的发展，协同智能交通系统（Cooperative Intelligent Transport Systems，C-ITS）将成为未来智慧城市的主流平台。在此背景下，车联网技术应运而生。智能网联车辆（Connected Autonomous Vehicles，CAV）作为车联网的关键角色，为了保障智能交通的高效性和安全性，担负着越来越多的计算任务和通信任务。只有智能网联车辆通过任务卸载、数据共享、协同通信，才能充分利用网络中的各类资源，实现高效、环保、安全的智慧城市交通。然而，网络中的节点（车辆、路侧单元、行人）并非属于同一个利益体，因此无法避免资源有限导致的自私行为。自私节点的存在降低了网络性能，甚至当自私节点的数量达到一定程度时会导致整个网络瘫痪。如图1-1所示，由于自私节点的存在，原本依靠多跳（multi-hop）通信的智能交通应用无法将数据从源节点传输到目的节点。即使存在少数自私节点，如果这些自私节点恰巧是全网的关键点，也会对整体网络带来破坏性的影响。因此，为了提升网络性能，提高资源利用率，从而支撑计算密集型（非安全）和延迟敏感型（安全）的协同智能交通应用，在车联网通信中有效解决节点自私性问题成为亟待解决的研究课题。

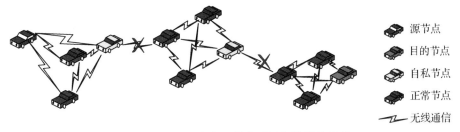

图1-1　车联网中自私节点对网络性能的危害

在智能化、网联化的协同智能交通领域，通过掌握自私节点的行为特征，有效检测自私节点，积极激励自私节点，将是提高网络资源利用率、提升整体网络性能的技术手段。

1.2　研究现状及其挑战

根据国家统计局2023年2月发布的《中华人民共和国2022年国民经济和社会发展统计公报》[3]，2022年年末全国民用汽车保有量为31 903万辆（包括三轮汽车和低速货车719万辆），比上年年末增加1 752万辆。其中，私人汽车保有量为27 873万辆，增加1 657万辆；民用轿车保有量为17 740万辆，增加1 003万辆，其中私人轿车保有量为16 685万辆，增加954万辆。如图1-2所示，根据历年国民经济和社会发展统计公报，全国机动车保有量近5年持续上升。同时，全年完成电信业务总量14 317亿元，比上年增长4.5%。年末移动电话基站数为1 083万个，其中4G基站为603万个，5G基站为231万个。全国电话用户总数为186 286万户，其中移动电话用户为168 344万户。移动电话普及率为119.2部/百人。固定互联网宽带接入用户为58 965万户，比上年年末增加5 386万户，蜂窝物联网终端用户为18.45亿户，增加4.47亿户。互联网上网人数为10.67亿人，其中手机上网人数为10.35亿人。互联网普及率为75.6%，其中农村地区互联网普及率为 61.9%。全年移动互联网用户接入流量为 2 618 亿 GB，比上年增长 18.1%。

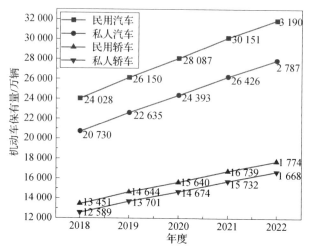

图 1-2　全国年度机动车保有量对比（2018—2022 年）

除此之外，根据 Web of Science（WoS）文献数据库筛选结果（图 1-3），"misbehavior"（异常行为）、"incentive"（激励）、"Internet of Vehicle"（车联网）、"VANET"（车载自组网）等关键词相关文章数量逐年增加。其中，2021 年，"激励"关键词相关文章数量多达 7 336 篇。

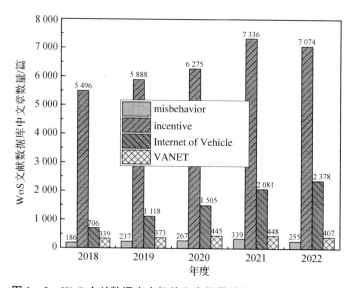

图 1-3　WoS 文献数据库中相关文章数量统计（2018—2022 年）

以上工业界和学术界的统计数据表明：一方面，随着我国经济的飞速发展和城市化进程的快速推进，车辆的保有量和总量不断增长；另一方面，移动通信及互联网业务也呈现爆发式的发展。车联网技术作为汽车工业和通信技术的融合产物，必将在未来的协同交通系统领域担负最重要的任务。在协作通信中，只有详细了解自私节点的行为特征、准确识别自私节点、有效激励自私节点，才能挖掘潜在网络资源，充分发挥全网的通信能力，更好地为智能交通应用服务。因此，近年来，节点自私性方面的研究和应用受到学术界和工业界的广泛关注。以下以"自私节点的评价—自私节点的检测—自私节点的激励"为完整的技术路线，对相关研究现状及存在的挑战进行阐述。

1.2.1 自私节点的评价

虽然现有文献公认自私节点对网络性能具有负面影响，但是很少有研究者对其进行详尽的分析，尤其在车联网环境下的相关研究少之又少。LOUDARI 等人分析了在机会网络环境下自私节点对耗能方面的影响，并对比了 8 类机会路由协议在不同移动模型下能耗所受影响的程度，总结出 MAXPROP 协议在 Random Waypoint 和 Cluster 移动模型下性能最佳[4]。XU 等人将移动自组网（Mobile Ad hoc Network，MANET）环境中的自私节点分为两类，提出了 type-1 型和 type-2 型自私节点。Type-1 型自私节点只是拒绝转发用户数据包，而 type-2 型自私节点不仅拒绝转发用户数据包，而且拒绝转发路由协议的控制包。显然 type-2 型自私节点对网络性能的影响比 type-1 型自私节点更为严重[5]。KAMPITAKI 等人提出了基于能耗的自私节点，这比静态的自私节点更接近实际；评价了 MANET 环境中自私节点对 DSR（Dynamic Source Routing）路由性能的影响[6]。LI 等人分析了自私节点对延迟容忍网络（Delay Tolerant Network，DTN）多播的性能影响，综合了两种多播机制（两跳多播、感染多播），得出不同的自私行为对不同的性能参数有不同的影响[7]。在有自私节点的 DTN 中，多播性能主要取决于多播组的大小。CHAU 等人利用博弈论的无政府价格

（PA）和垄断价格（PM）机制，对互联网应用的自私行为进行了分析，给出了 PA 的完全无规则和 PM 的完全有规则之间的界定比例[8]。虽然该研究与车联网乃至无线网络没有明显的直接关系，但是它从另一个角度给出了自私节点的行为特征。SANKARESWARY 等人通过鉴定自私节点在 MANET 中的影响，对多播 AODV（MAODV）路由算法的安全性进行了评价，除了分析自私节点的影响，还提出了基于两跳 ACK 机制检测自私节点的算法[9]。SZOTT 等人对 IEEE 802.11 网络中的中继基站的自私性所引发的安全漏洞进行了解释，并量化分析了自私节点的危害，提出了相应的对抗机制[10]。JIN 等人通过对自私节点的分析和分类，指出在混合式 P2P 系统中，激励机制对内容共享起到的作用远不如非结构化的 P2P 系统[11]。

在不同的无线通信网络环境中，多维度量化分析自私节点对网络性能的影响对提高自私节点的检测率，大幅降低误检率起到决定性作用。只有明确自私节点的行为特性并对其进行定量分析，才能提高自私节点的检测率，从而避免误检带来的资源浪费，提升全网资源的利用率。在车联网通信中捕获自私节点的数据传输行为特征，可为在复杂的车联网环境中检测和激励自私节点提供可靠的依据。

1.2.2 自私节点的检测

车联网是物联网（Internet of Things，IoT）的一个子类。MANET 是物联网中的常用通信技术。同理，车载自组网（Vehicular Ad hoc Network，VANET）是车联网中常用的通信技术。根据最新综述性文献[12]，目前国内外 MANET 和 VANET 中的节点异常行为（自私和恶意攻击）检测方法大体可归类为以下 3 种：基于监视（Watchdog）的检测方法、基于确认消息（ACK）的检测方法和基于机器学习（Machine Learning，ML）的检测方法。

1. 基于监视的检测方法

基于监视的检测方法根据节点收发数据包的统计数据确定节点是否具

有自私性。当检测出的评价值超出某个预定的指标时,判断节点为自私节点,否则视为正常节点。重庆大学任智教授团队在机会网络(Opportunistic Network)下提出了自私节点检测算法[13]。该算法采用基于跨层监听机制的错帧解析、基于节点相遇的信息挖掘和基于 RSSI(Received Signal Strength Indicator)的节点距离估计等 3 种新机制消除错帧和节点脱离通信范围监听失败对节点自私性检测的影响,提升了检测的可靠性。2000 年,MARTI 等人在 MANET 环境中首次提出了 Watchdog 的检测机制[14]。MARTI 等人提出的 Watchdog 方法通过检测数据对节点进行等级评定,在路由策略中避免低等级的节点,甚至从路由路径中排除自私节点,从而提升数据传输效率。BUCHEGGER 等人在 MANET 网络环境中提出了基于 DSR 路由协议的 CONFIDANT 算法来检测节点异常行为[15]。CONFIDANT 算法由 Watchdog、信任管理、信誉系统和路径管理等模块组成。它融合了各模块的优点,检测网络中的异常行为节点。CONFIDANT 系统的主要目的是把异常节点隔离出网络。但是,该算法没有引入节点身份认证机制,默认节点是可靠的。SERRAT – OLMOS 等人在 MANET 网络环境中提出了基于贝叶斯 Watchdog 的自私节点协作型检测机制[16]。该机制结合对邻居节点的观测数据和从邻居节点获取的对其他节点的评价数据来判断该节点是否自私节点。该机制协作性地结合了直接观测数据和从其他节点获取的二手信息,提高了检测的准确率。HERNANDEZ – ORALLO 等人在 MANET 网络环境中提出了叫作 CoCoWa 的自私节点检测机制[17]。CoCoWa 机制基于接触式的 Watchdog 算法,结合本地检测和对检测出的数据进行网内分发来提高自私节点的检测率和总体检测速度,从而避免了定期广播,减小了网络负载。BOUALOUACHE 等人在车联网环境中提出了基于软件定义网络(Software Defined Network,SDN)的内容感知异常行为节点检测系统[18]。该系统中的 Watchdog 车辆监视邻居车辆的行为,并周期性地把所监视数据上传至 SDN 控制平台,最后由 SDN 控制平台进行全局性评判和决策。由于该方法高度依赖中心权威机构,所以有单点故障等先天性缺陷。WAHAB 等人在 VANET 网络环境中提出了基于 QoS – OLSR(Quality of Service

Optimized Link State Routing）协议的异常行为检测 D-S（Dempster-Shafer）模型[19]。他们针对车辆的超速或欠速行驶的异常行为，提出了检测方案。该模型通过激励车辆建簇和簇内异常行为检测两步实现了协同型 Watchdog 模型，提高了检测率，并降低了假阳性检测率。另外，赵建伟等人[20]在 Ad Hoc 网络中提出了基于信誉机制的自私节点检测方法。该方法采用了直接检测技术，对节点的信誉值进行评估，进而对自私节点进行网络隔离。任智等人在机会网络中，提出了结合概率路由的自私节点检测算法，称为 SNPR[21]。SNPR 结合了控制信息和节点相遇信息，提高了检测效率，并以概率值捎带方式减小了通信开销。综上所述，基于监视的检测方法存在假阳性检测率高的问题。在无线网络中，因链路质量差而丢包的现象是自然存在的，因此不区分主动和被动丢包而强行判断节点的行为是不公平的，也是对潜在网络资源的一种浪费。

2. 基于确认消息的检测方法

基于确认消息的检测方法是根据 ACK 消息或 hello 消息的反馈情况来断定节点的自私性。例如，发送节点未收到来自下一跳节点的 ACK 消息，这暗示着该节点是自私节点。BALAKRISHNAN 等人为了检测 MANET 网络环境中的异常行为节点，基于网络层的 ACK 机制提出了 TWOACK 和 S-TWOACK 检测方法[22]。该方法只适用于有源路由协议。TWOACK 是类似 MAC（Medium Access Control）和 TCP（Transmission Control Protocol）协议层的 ACK 包。其主要区别是，TWOACK 是来自路由路径上两跳距离的 ACK，而非来自下一跳节点。S-TWOACK 是为了降低因大量的 TWOACK 包产生的路由开销所改进的检测方法。虽然该方法提升了整体网络的数据包到达率，但是检测结果具有较高的假阳性检测率。SAYYAR 等人在 MANET 网络环境中，基于 AODV（Ad hoc On-Demand Vector）路由协议进一步改进了 TWOACK 检测方法[23]。为了降低假阳性检测率，发送者节点若未收到 TWOACK 包，则执行重发。若 3 次尝试重发仍未收到 TWOACK 包，发送者节点反向发送错误信息包，表明该路径上存在自私节点。但是，不考虑网络环境，只是简单 3 次尝试重发来判断节点的自私性仍然是不全面的。杜君等人[24]在 MANET 网络中提出了一种基于 ACK 消息的自私节点检测机制。该机制以较强信噪比的节点作为目标节点,通过观测目标节点对 ACK 消息的反馈情况,区分自私节点和失效节点。然而,杜君等人未深入分析所选信噪比较强的节点本身可能是自私节点的情况。综上所述,单纯以 ACK 是否到达来判断节点行为,未考虑链路质量的基于确认信息的检测方法很难在高移动性的车联网中准确检测出异常行为节点,包括自私节点。

3. 基于机器学习的检测方法

基于机器学习的检测方法是借助机器学习对节点的行为特征进行学习和训练,确定学习模型后进行分类。GROVER 等人在 VANET 网络环境中提出了基于机器学习的异常行为节点的检测方法[25]。他们以节点的物理特征(速度偏差、距离、接受信号强度)和数据包传输特征(产生、发送、丢弃、碰撞)作为算法学习和训练特征,对朴素贝叶斯(Naïve Bayes)、IBK、J-48、随机森林(Random Forest)以及 Ada Boost 等机器学习分类算法进行了仿真对比。他们指出随机森林和 J-48 算法表现突出。SHARMA 等人在车联网环境中提出了基于监督学习的、以数据为中心的异常行为检测模型[26]。该模型在综合考虑车联网的动态性和不确定性的基础上,对位置伪造攻击进行定期检测。然而,该模型只考虑了位置造假,未考虑节点自私性。XING 等人以车联网中的入侵检测为目的,提出了基于信任评价的检测方法[27]。该方法采用了非监督学习的 Q-学习(Q-Learning)模型来激励车辆报告检测数据。MATOUSEK 等人提出了基于机器学习的车联网中检测驾驶行为的模型[28]。该模型集成了 k-NN(k-Nearest Neighbors)、SVM(Support Vector Machine)和 iForest(isolation Forest)等机器学习算法。仿真结果显示,他们所提出的检测模型具有检测率稳定、假阳性检测率较低等优点。另外,陈波等人[29]在无线传感器网络中提出了基于 K-means 算法的节点自私行为检测方法。该方法以节点间的平均传输延迟和平均吞吐量为特征序列,并利用 K-means 算法进行聚类,从而检测自私节点。综上所述,虽然机器学习方法能在大量的历史数据训练的基础上有效地对节点行为分类,但是在车联网环境中获取的数据精度不高,数据量不足,模型收敛缓慢,所以此类有监督机器学习方法不是解决本课题所研究问题的最优方案。

除了上述3种节点异常行为检测方法外,现有研究成果中还出现了基于信任值、基于声誉、基于博弈论(game theory)和基于激励机制等类型的检测方法。实质上,这些分类也是上述3种方法的某种组合形式。由于车联网中节点移动速度快、无线链路不稳定,所以自私节点的隐蔽性更强。综合已有文献分析可知,在车联网通信中,自私节点的检测方法还未得到充分的研究。

1.2.3 自私节点的激励

激励机制的主要目的是基于准确(提高真阳性检测率)、公平的(降低假阳性检测率)自私节点检测机制,进一步实现车联网中自私节点的精准激励(减少误奖励、误惩罚),从而提升全网通信和计算效率。根据最新相关文献,目前国内外提出的自私节点的激励机制大体可分为以下3类:基于声誉的激励机制、基于信任度的激励机制以及基于博弈论的激励机制。

1. 基于声誉的激励机制

基于声誉的激励机制(reputation-based incentive mechanisms)是指系统根据每个节点的历史行为,计算声誉值,以此确定其自私性。声誉值高的节点可获得区分服务(differentiated service,DiffServ),以此激励节点参与协作任务。WU等人利用MANET环境中的网络编码技术,提出了基于社会规范的激励机制。该激励机制是考虑社会规范、具有惩罚和奖励措施的基于声誉的激励机制[30]。WANG等人在自动车辆社交网络环境中提出了基于区块链的内容传递激励机制。该激励机制也是基于声誉的激励机制,结合了社会特征和用户行为[31]。LI等人在大型MANET环境中设计了资源和价格结合的系统,它是分层辅助账号的基于声誉的激励机制[32]。LAI等人在VANET的高速路场景下,提出了基于"虚拟支票"的安全激励机制。他们通过对合作节点给予奖励，对自私节点给予惩罚，实现了基于声誉的安全激励机制[33]。DIAS 等人在车辆延迟容忍网络（VDTN）环境中提出了声誉机制和监视模块相结合的混合激励机制，鼓励自私节点参与协作并共享资源，而非把自私节点隔离出网络[34]。WANG 等人在自动驾驶社交网络环境中提出了基于区块链（blockchain）的内容传递激励机制。该激励机制也是基于声誉的激励机制，结合了社会特征和用户行为[35]。总之，基于声誉的激励机制主要依靠节点的历史行为数据，这正是该类机制不适用于车联网的主要原因。

2. 基于信任度的激励机制

基于信任度的激励机制（credit-based incentive mechanisms）是指系统根据节点数据转发或弃包情况给予惩罚相应额度的虚拟货币来鼓励节点参与协作通信。BUTTYAN 等人首次在 MANET 环境中提出 Nuglet 技术，Nuglet 是一种通过计数器实现的安全模块。节点为其他节点转发数据包时，该节点的 Nuglet 增多。相反，节点发送自己的数据包时，该节点的 Nuglet 减少[36]。MEERAN 等人在 VANET 环境中提出了复活的概念，将自私节点激励并复活成正常节点，以提高网络性能[37]。他们以虚拟货币的形式奖励节点，节点转发数据包可获得虚拟货币，节点发送数据包则消费虚拟货币。若虚拟货币余额不足，则节点无法发送数据。KOU 等人在车联网环境中提出了基于信任度的激励机制[38]。ZHANG 等人在 VANET 环境中提出基于虚拟信任度的路由激励机制，提升了路由效率[39]。ZHU 等人在 VANET 环境中提出了基于信任度的激励机制，解决了自私节点的增量问题[40]。另外，李峰等人[41]提出了基于信任策略的机会网络安全路由方法。其基本思想是，如果某个节点成功将数据包传递到目的节点，则该节点在未来某个时刻很可能再次遇到该节点。以此概率值作为信任值建立可信路由矩阵，进而选择下一跳节点完成路由。基于信任度的激励机制通常需要一个中心权威机构（trust authority）管理节点的信任值，但是这种架构不适用于分布式场景。

3. 基于博弈论的激励机制

基于博弈论的激励机制（game theory based incentive mechanism）也叫作针锋相对（TFT）机制，其主要思想是利用博弈论，根据互惠原则构建模型，源节点和中继节点间建立竞争关系，最终达成全网均衡。WU等人在VANET环境中结合博弈论和强化学习，提出了回报分配机制，实现了网络性能最大化[42]。LI等人在MANET环境中结合声誉和价格理论，从博弈论的视角建立了自私节点的检测和激励机制[43]。KHAN等人在MANET环境中基于数据包智能转发技术，提出了激励节点协作的进化博弈论机制，解决了拓扑结构的动态变化引发的重发洪泛降低网络性能的问题[44]。YANG等人在VANET环境中提出了基于最优价格策略的数据卸载模型的斯塔克尔伯格（Stackelberg）博弈论机制，有效缩短了数据卸载时间[45]。AL-TERRI等人在VANET环境中提出了基于TFT的激励机制，鼓励MAC层的协作通信。该激励机制不仅有效地解决了自私问题，而且提升了异常行为检测效率[46]。刘鹏在无线协作中继网络中建立了中继资源联合分配的合作博弈模型[47]。该模型通过子载波与功率联合分配算法降低了求解该模型的纳什议价解。张闯在协作通信中提出了基于博弈论的自私节点激励机制[48]。他将节点间的协作带宽分配问题建立成合作博弈中的谈判问题，提出了一种自适应调制Kalai-Smorodinsky谈判解合作策略。曲大鹏等人在移动对等网络中提出了考虑客观因素和主观态度的自私节点检测和激励机制[49]。该激励机制采用了基于重复博弈的合作模型，鼓励节点参与合作，并证明了该模型的防策略性。闻英友等人[50]在MANET环境中设计了一种基于无限重复博弈模型的严厉TFT策略，激励节点参与报文转发。

综上所述，MANET和VANET等环境中，虽然已有研究成果解决了现存问题，并且获得到了一定程度的进展，但是在车联网环境中的有效可行的自私节点激励机制方面的问题仍处于亟待解决的状态。下面介绍本书的主要研究工作。

1.3 研究内容

本书以车联网通信为研究背景，围绕自私节点的评价（自私节点对网络性能会带来哪些影响？）、自私节点的检测技术（怎样发现和判断自私节点？）、自私节点激励机制（怎样激励自私节点参与网络运行以提升网络通信效率？）3个递进式问题展开研究。本书研究内容的逻辑结构如图1-4所示。

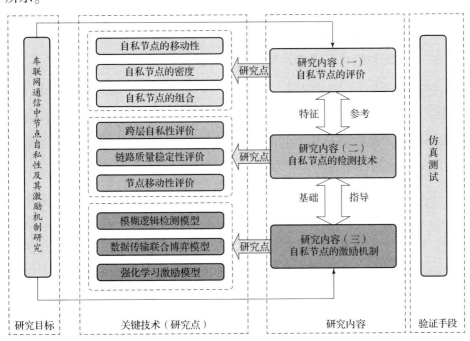

图1-4 本书研究内容的逻辑结构

1.3.1 自私节点对网络性能的影响

不言而喻，自私节点会降低网络通信性能。但是，不同数量和不同网络位置的自私节点对网性能的影响不同。通过多维度量化分析自私节点对网络性能的影响，掌握自私节点的行为特征，有助于多维度了解自私节点的本质，为自私节点的检测和激励提供依据。本书主要包括以下研究内容。

1. 自私节点的不同特征对网络性能的影响

该研究点主要在不同的移动模型、节点个数、自私节点占比和各种组合等条件下，量化分析和评价自私节点对 MANET 和 VANET 性能的影响。评价指标包括：平均数据包到达率、平均端到端延迟和平均吞吐量等。首先，在更普适化和一般化的 MANET 中（节点移动速度较慢、移动轨迹较随机），对自私节点带来的影响进行量化分析。其次，在更具体化的 VANET 中（节点移动速度快、移动轨迹有组织性），量化分析自私节点对网络性的影响。最后，从多个角度总结了自私节点的不同特征对网络性能的影响。

2. 不同类型的自私节点对网络性能的影响

在该研究点中，量化分析和评价不同类型的自私节点对车联网络性能的影响，例如静态自私节点（static selfish node）和动态自私节点（dynamic selfish node）。静态自私节点是指自始至终一直保持自私性的节点，而动态自私节点是指每次遇到转发任务时按照某种概率确定是否转发的节点。自私节点还可分为不参与路由任务和参与路由任务两种。不参与路由任务的自私节点（type-1 型自私节点）既不转发用户数据包，也不转发路由控制包；参与路由任务的自私节点（type-2 型自私节点）只对用户数据表现出自私性。因为不同类型的自私节点对网络性能的影响程度不同，所以具体分析各类自私节点的影响是本书研究内容的基础。

3. 自私节点影响网络性能的关键特征

该研究点对比自私节点对车联网的影响，结合车联网节点（车辆）的独特性，总结出自私节点影响力最大的关键特征，为自私节点检测机制研究提供数据依据。例如，车联网具有可预测移动性、高动态拓扑、强延迟限制、动态网络密度及网络规模庞大等有别于其他无线移动网络的特性。

1.3.2 自私节点的检测技术

车联网环境中节点（车辆）的移动速度快、通信链路不稳定，很难判断中继节点的真实行为(有意弃包还是无意丢包),从而导致检测结果中假阳性比例过高的问题。针对该问题,本研究内容结合了3个方面的影响因素(移动性、链路质量、数据链路层和网络层的数据传输行为),对节点自私性做出综合性评估,提高了检测率。本研究内容包括如下3个研究点。

1. 跨层自私性评价

借助开放式系统互连(Open System Interconnection,OSI)分层中的MAC层帧监听机制,无线网络节点可监听邻居节点是否转发了刚收到的帧。通过通信范围内的节点间互相交换统计数据,可以分布式地计算出每个节点的帧转发率。然而,最终目的节点收到数据帧之后,将其上传至本地网络层,而非转发给其他节点。在这种情况下,该节点的转发率很低,邻居节点在MAC层上又无法断定其是否为目的节点,因此容易产生假阳性检测结果。为了解决此类MAC层上无法获取数据包的目的地址的问题,本书采用更高一层(网络层)的IP包统计来弥补MAC层检测能力的不足。通过跨网络层和MAC层的综合评价,初步对节点的自私性进行评估。

2. 链路质量稳定性评价

车联网有节点移动速度快、节点的通信范围有限、障碍物多等特点,导致节点间的链路质量差。综合现有文献可知,链路质量差是导致高误检率的主要原因。为了降低假阳性检测率,有必要对链路质量进行评价,使检测方法更具有公平性。本书通过无线路由协议的hello消息的接收率,评价节点间的链路质量,从而辅助节点自私性检测,降低误检率。

3. 节点移动性评价

车联网中的节点虽然移动速度很快,但是在交通规则和路网的限制下,节点的移动轨迹具有一定程度的可预知性。同方向行驶的车辆,若移动速度大致相同,则可保持较长时间通信链路稳定,易于掌握节点行为特征(例如数据传输特征)。因此,车辆移动稳定性评价有助于提高检测方法的有效性。本书通过无线路由协议的hello消息,使邻居节点交换实时位置和速度信息,从而计算出车辆间的相对移动稳定性程度。

本书综合考虑以上 3 个评价指标,最终确定节点的自私性行为特征。为了进一步降低误检率,对以上 3 个评价指标进行实时迭代更新。另外,引入感知机制(perception mechanism)预判周围车辆的移动方向,概率性优化最终自私性检测结果。

1.3.3 自私节点的激励机制

本书以自私节点的检测技术为基础,以强化学习为手段,提出了完全分布式自私节点激励机制。通过综合评估节点的自身资源客观因素(外部因素)和主观态度(外部因素),并且在路由路径上的中继节点之间建立联合博弈模型,进行针对性的激励,避免了误奖励和误惩罚,提高了激励效率。

1. 模糊逻辑检测模型

在该研究点中,利用模糊逻辑理论对节点的移动性、链路质量以及算力等特征参数进行实时评估,确定节点的当前状态。通过模糊逻辑理论将多个评价参数综合为一个输出值,以降低节点的状态向量维度,避免强化学习算法的维度灾难。本研究点的主要目的是为强化学习激励模型提供低纬度的状态空间。

2. 数据传输联合博弈模型

该研究点的主要目的是提高激励机制的自适应性。在车联网通信模式下,多跳通信(multi-hop communication)发挥着重要作用。它能够扩大点对点通信范围,从而保障车联网中数据的可靠传输。在多跳数据传输方式中,只有中继节点相互合作(转发数据包),才能达到数据通信的共同目的。因此,根据经济学的博弈理论,在多跳传输的中继节点间建立重复联合博弈模型。通过该模型,确定每个节点的效益函数,并将其作为奖励(reward)反馈给强化学习激励机制。

3. 强化学习激励模型

该研究点是自私节点激励机制的核心内容。根据研究目标,建立适用于车联网环境的强化学习模型，其基本元素包括：环境、智能体、状态和行为动作。在强化学习激励模型中，环境为整体车联网通信环境；智能体为车辆节点；状态为模糊逻辑检测模型给出的状态空间；行为动作为转发或丢弃数据包。通过强化学习引导节点，调整其未来行为（转发或丢弃数据包），保障车联网通信的可靠性和稳定性。由于在车联网中难以获取准确的历史数据，节点周围环境动态变化，所以本书采用无监督的Q-学习算法，使车辆节点在与环境交互和试错中调整行为动作，最终达到激励目的。

1.4 本书的主要创新点

本书在车联网环境中，首先量化分析自私节点对网络性能的影响，多维度了解自私节点的行为特征，然后提出了自私节点的检测方法，最后以该自私节点检测方法为基础，提出了基于强化学习的自私节点激励机制，并以计算机仿真手段验证和证实了所提出机制的有效性。本书的主要创新点具体描述如下。

（1）量化分析了MANET中节点自私性对网络通信性能的影响。MANET的应用范围更广。因此，首先量化分析节点自私性对MANET性能的影响。本书以移动节点的剩余能量作为引发自私行为的依据，定义了基于能耗的动态自私节点。从节点的移动模型、密度、自私节点占比及其各种组合等角度，对自私节点造成的网络性能影响进行了量化讨论和分析。其中，网络性能的评价指标包括丢包率、往返延时及吞吐量等。仿真试验的结果数据有助于掌握MANET环境中的动态自私节点对网络性能的影响，同时，该结果能够为后续设计自私节点的检测机制提供可靠依据。

（2）量化分析了VANET中节点自私性对网络通信性能的影响。VANET的节点移动方式结构性更强，移动速度更快，节点的自私性对网络性能的影响有其独特之处。因此，本书对VANET环境中自私节点对网络性能的影响进行了量化分析。首先，根据自私性特征，定义了静态和动态自私节点,并从不同切入点分析对比了二者对网络性能的影响程度。其次,将节点的移动模型分为单路线和多路线两种形式,使量化评价涵盖了局部性和全局性。最后,通过仿真试验,对比了两种自私节点在单路线和多路线移动模型下对 VANET 性能的影响程度。仿真试验结果可为 VANET 中自私节点的检测、激励以及自私节点感知路由算法的设计提供依据。

(3) 提出了车联网环境中基于模糊逻辑的节点自私性检测方法。基于 MANET 和 VANET 中对节点自私性量化评价的结果,本书提出了基于模糊逻辑的检测方法。车联网中的高度动态性导致自私节点具有较强的隐蔽性,使用传统的检测方法容易产生假阳性检测率高的问题。针对此问题,本书采用模糊逻辑推理方法综合评判节点的移动性和链路质量,及节点在数据链路层和网络层的行为特征,以此推断节点的自私性。此外,为了进一步提升检测的准确性,引入感知机制,该机制通过感知车辆移动方向和 ACK 确认消息的回复时长,为决策模块提供辅助判断信息。本书提出的检测方法不仅从数据链路层和网络层捕获自私节点的行为特征,还考虑了节点的移动性和链路质量因素,全面考量了节点的内部属性及外部表现,相比于传统检测方法,可有效避免盲目判断,因此具有更高的检测率和更低的误检率。该检测方法为下一个研究内容(即自私节点的激励机制)提供了精准性保障。

(4) 提出了车联网通信环境中基于强化学习的分布式自私节点激励机制。通过更精准的自私节点激励机制,能够激活更多自私节点,从而在动态、复杂的网络环境中充分挖掘潜在的通信资源,提高车联网通信性能。为此,本书提出了基于强化学习的分布式激励机制。利用上文提出的自私性检测方法,结合节点自身的网络资源客观因素(也可视为外部因素)和主观自私性因素(也可视为内部因素),作为节点的状态空间;以转发或丢弃数据包作为动作空间;通过在多跳通信模式中的中继节点间建立联合博弈模型,确定节点的奖励策略。以此建立多车协同通信的马尔可夫决策过程,设计实现了基于强化学习的分布式激励机制。

1.5　本书的主要工作及章节安排

本书围绕车联网通信中的节点自私性，以"评价—检测—激励"为研究线路，针对车联网环境中节点移动速度快、网络拓扑结构动态变化、无线通信链路不稳定等客观约束，提出了相应的解决方案。本书内容分为三大部分。一是自私节点评价。从多维度量化分析了自私节点对网络性能的影响。具体来说，在MANET和VANET环境中，量化分析了自私节点的移动性、密度、占比和各种组合等因素对网络的点对点延迟和数据包传输率的影响程度。二是自私节点检测方法。以降低假阳性检测率为目标，结合节点的通信行为（MAC层和网络层的数据包转发量统计）和通信环境（移动稳定性和无线链路质量），提出了基于模糊逻辑理论的自私节点检测方法。三是自私节点的激励机制。针对车联网中因为节点快速移动、拓扑动态变化等特点而难以获取准确数据导致误奖励、误惩罚的问题，建立了中继节点间的联合博弈模型，提出了基于强化学习的激励机制。本书的章节组织结构如图1-5所示。

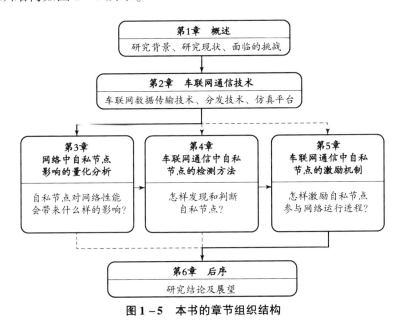

图1-5　本书的章节组织结构

本书由 5 章及后序组成。

第 1 章为概述。首先，介绍了本书的研究背景和意义。其次，通过总结国内外包括车联网在内的无线通信网络的自私节点研究现状，提出了现存的科学问题，阐述了本书的主要研究内容。最后，介绍了全书的章节结构与内容安排。

第 2 章介绍了与本书研究内容相关的网络环境和验证平台，包括车联网数据传输、数据分发，车联网通信技术应用以及车联网仿真平台等。本章所介绍的仿真平台是后续研究中进行性能分析和有效性验证的工具。

第 3 章首先介绍了自私节点的定义及其分类，以便量化分析不同类型的自私节点对网络性能的影响；其次设计了评价网络性能的通信应用；最后在 MANET 和 VANET 中量化分析了自私节点对点对点延迟和数据包到达率的影响程度。

第 4 章在第 3 章研究结果的基础上，提出了车联网通信环境中动态自私节点的检测方法。首先，概述了车联网通信环境中节点自私性检测的意义、挑战和现有的相关检测方法；其次，简要介绍了模糊逻辑控制理论，然后详细描述了本书提出的节点自私性检测方法；最后，通过计算机仿真试验，验证了本书提出的检测方法的有效性。

第 5 章在第 3 章和第 4 章研究结果的基础上，提出了车联网通信环境中动态自私节点的激励机制。首先，简要概述了车联网通信环境中实现有效激励机制的意义和挑战，并分类总结了与本书研究背景相关的激励机制及其不足之处；其次，简要介绍了本章涉及的强化学习算法——Q‑学习，然后对本章提出的基于强化学习的激励机制进行了详尽的介绍；最后，通过计算机仿真试验，对比了本章提出的激励机制与其他基线算法的性能，验证了该机制的有效性。

第 6 章总结了本书的工作，并对下一步研究工作进行了展望。

第 2 章 车联网通信技术

车联网的概念引申自物联网，它是以车内网、车际网和车载移动互联网为基础，按照约定的通信协议和数据交互标准，在车 – X（X 是指车、路侧单元、行人以及互联网等）之间进行无线通信和信息交换的异构网络，即实现车与车、车与路、车与人、车与传感设备的交互，以及车辆与周边公众网络通信的动态通信系统[51]。图 2 – 1 所示为典型的车联网

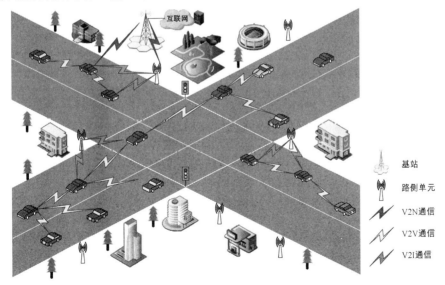

图 2 – 1　车联网示意

示意。车联网通过提供不同通信实体间的信息交换和共享技术,使智能车辆具有"眼观六路,耳听八方"的感知能力,为交通应用提供可靠、稳定的数据通信服务。

2.1 车联网数据传输技术

车联网利用先进的信息技术、通信技术和电子技术,解决交通堵塞、交通事故、环境污染等交通相关问题。由此而论,车联网通过车辆之间或车辆与基础设施之间相互传递信息,使交通系统更加网联化、协同化、智能化。本节简要介绍本书所涉及的车联网数据传输技术,包括 IEEE 802.11p 协议、VANET 通信、AODV 路由协议以及 C-V2X 技术。

2.1.1 IEEE 802.11p 协议

IEEE 802.11p 协议是车联网通信中最普遍使用的底层通信协议。IEEE 802.11p 协议是由 IEEE WAVE(Wireless Access in Vehicular Environments)设计的跨 MAC 层和物理层的跨层协议(图 2-2)。因为 IEEE 802.11p 协议是完全分布式的,除了互联网接入和安全服务,不依赖任何中心节点,所以在 VANET 中得到了广泛的应用。对于物理层,IEEE 802.11p 协议对 IEEE 802.11a 协议进行了修订,而对于介质访问控制层,IEEE 802.11p 协议扩展了 IEEE 802.11e 协议。为了满足服务质量(Quality of Service,QoS)需求,IEEE 802.11p 协议合并了 IEEE 802.11a 协议的正交频分复用技术(Orthogonal Frequency Division Multiplexing,OFDM)和 IEEE 802.11e 协议的增强分布式信道接入技术(Enhanced Distributed Channel Access,EDCA)。在介质访问控制层,IEEE 802.11p 协议支持多信道操作。IEEE 1609.4 标准[52]为 IEEE 802.11p 协议的介质访问控制层定义了 4 种信道接入方式:持续接入(continuous)、交替接入(alternating)、立即接入(immediate)、延伸接入(extended)(图 2-3)。

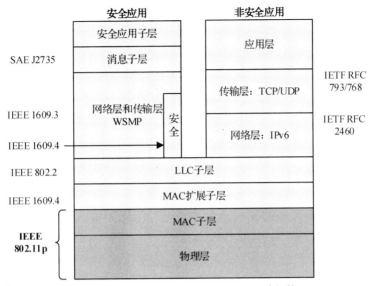

图 2-2 面向 VANET 的 WAVE 系统架构

图 2-3 IEEE 1609.4 信道接入方式

持续接入方式允许车辆始终保持控制信道（Control Channel，CCH）或服务信道（Service Channel，SCH），不存在信道切换，因此只适用于安全性信息的数据交换。然而，交替接入方式通过信道切换可支撑安全和非安全性应用，车辆可以在控制信道周期内保持控制信道，在服务信道周期内切换到服务信道。在该方式下，信道时间被分为若干同步周期（100 ms），每个同步周期又被分为 50 ms 的控制信道间隔和服务信道间隔。立即接入方式是服务信道抢占方式，系统在控制信道和服务信道之间交替工作，交替切换的时间间隔可以变化，即控制信道空闲时，服务信道可以使用。当下一个同步周期到来时，系统必须切换到控制信道。延伸接入方式是服务信道连续占用方式。在该方式下，允许系统在服务信道上进行连续多个同步周期通信，而不需要在控制信道间隔上停留。其设计目的是便于在服务信道间隔期间交换大量的非安全性数据[53]。延伸接入方式适用于高带宽应用，例如下载视频、高清地图等大文件，但不适用于安全性信息的及时交换。

IEEE 802.11p 协议通过在交换信息之前消除认证和关联过程，减小了介质访问控制层的通信开销，从而能够支撑具有高速移动性和高动态性的 VANET 环境。IEEE 802.11a 协议中，所有信道被同等对待，然而信道访问被设置了优先级。例如，延时敏感型的安全性应用使用高优先级的控制信道，而非安全性的应用使用低优先级的服务信道。

在物理层上，IEEE 802.11p 协议对 IEEE 802.11a 协议的信道带宽进行了调整，相应的信道带宽从 20 MHz 调整为 10 MHz，传输速率从 6 Mbit/s、9 Mbit/s、12 Mbit/s、18 Mbit/s、24 Mbit/s、36 Mbit/s、48 Mbit/s 和 54 Mbit/s 调整为 3 Mbit/s、4.5 Mbit/s、6 Mbit/s、9 Mbit/s、12 Mbit/s、18 Mbit/s、24 Mbit/s 和 27 Mbit/s。不同于 IEEE 802.11a 协议，IEEE 802.11p 协议在交换数据之前不需要基本服务集（Basic Service Set，BSS），因此车与车或车与路在短暂的相遇时间内能够高效地进行数据传递，减了非必要的通信时延。

IEEE 802.11a 协议和 IEEE 802.11p 协议的通信范围也不同。在室外环境中，IEEE 802.11a 协议的通信范围最大可达到 120 m，而 IEEE 802.11p 协议的通信范围是 100~1 000 m。此外，IEEE 802.11p 协议可支持的最高车速为 200 km/h。

IEEE 802.11p 协议最典型的应用之一是专用短距离通信（Dedicated Short-Range Communication，DSRC）技术[54]。在智能交通系统中，DSRC 为 DSRC 设备间提供短距离 V2X 直连通信服务，实现局部实时信息的分布式交换和共享。通常，DSRC 设备包括：车载的 OBU、沿路的路侧单元（Road Side Unit，RSU）以及行人的手持无线设备等。

2.1.2 VANET 通信

VANET 的基本概念很简单：将相对成熟的无线局域网（Wireless Local Area Network，WLAN）应用于车载系统。车联网环境不同于传统无线局域网，这给 VANET 带来了新的机遇、挑战和要求。首先，如果车辆之间以及车辆与基础设施之间可以直接通信，就可以为车辆安全应用创造一个全新的范例。甚至，其他非安全的应用借助 VANET 也可以大大提高道路和车辆的工作效率。其次，车辆的高速移动和网络拓扑结构的高度动态性给 VANET 通信带来了新的挑战。另外，交通安全应用对 VANET 提出了更高的传输率和更小的时延要求。在智能交通系统中，车辆产生和分析大量的数据，并且需要将数据与其他节点实时共享。VANET 数据传输技术不仅使车与车之间、车与基础设施之间的直接通信（单跳传输）成为可能，也扩大了车辆的"意识范围"（多跳传输扩大了通信范围）。VANET 通信模式大致可分为：车-车通信（Vehicle-to-Vehicle，V2V）、车-路通信（Vehicle-to-Infrastructure，V2I）、混合式通信，以及车-万物通信（Vehicle-to-Everything/Anything，V2X）等。

1. 车-车通信

在 VANET 中，车辆与车辆之间的无线通信称为车-车通信，也称为车间通信（Inter-Vehicle Communication，IVC），如图 2-4 所示。本质上，车-车通信是纯粹的自组网络，不需要任何基础设施支持。在车-车通信中，车辆直接与其无线通信范围之内的邻居车辆发送和接收信息。车-车通信的主要目的是感知其周围的其他车辆，扩大自身的"意识范围"。交通安全应用基本都利用车-车通信，例如碰撞警告、盲点警告、禁通警告、变道辅助、交叉口警告等。此外,非安全应用也可能需要车–车通信,例如广告发送和沿路服务感知等。车–车通信主要以信标(beacons、heartbeat 或 hello)数据包的周期性交换来实现信息传输和共享。

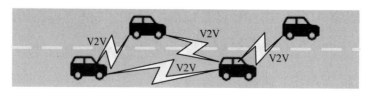

图 2–4　VANET 的车–车通信

2. 车–路通信

除了车辆与车辆之间的通信之外,VANET 中的车辆还可以与 RSU 通信,称为车–路通信,如图 2–5 所示。车–路通信是基于无线通信、传感探测等技术获取车–路信息,通过车–车、车–路方式进行信息共享,实现车辆和基础设施智能协同配合的通信技术。根据信息流方向,车–路通信又可称为路–车通信(I2V)。车辆在行驶过程中,道路基础设施通过移动通信模块从云端实时获取信息,并通过 VANET 向其覆盖区域内的车辆广播,车载终端设备接收到广播信息后进行解包处理。例如收到天气状况、交通信号、弯道速度提醒、超速提醒,以及其他车辆的行驶状况等信息时,通过提醒驾驶员来避免交通安全风险。除了交通管理之外,车–路通信还可以用于互联网应用,例如地图和音乐下载、视频直播、在线游戏,以及其他 P2P 应用。

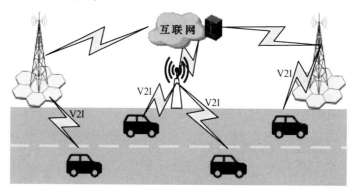

图 2–5　VANET 的车–路通信

3. 混合式通信

VANET 中的混合式通信结合了车 – 车通信和车 – 路通信，如图 2 – 6 所示。VANET 的混合式通信通过多跳（multi – hop）数据转发机制，扩大 RSU 的覆盖范围，以便获取不在其通信范围内的交通相关信息。同理，在混合式通信模式下，不在 RSU 的覆盖范围内的车辆可借助其他车辆作为中继节点，把自身信息以机会式转发至 RSU，甚至更远的云端数据中心。

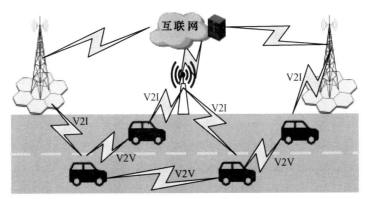

图 2 – 6 VANET 的混合式通信

4. 车 – 万物通信

车 – 万物通信（或者称为车联万物）是指车辆与其他任何类型的网络节点之间的通信，包括车 – 车通信、车 – 路通信、V2P（Vehicle – to – Pedestrian）、V2M（Vehicle – to – Motorcyclist）、V2B（Vehicle – to – Bicyclists）、V2H（Vehicle – to – Home）、V2N（Vehicle – to – Network）以及 V2G（Vehicle – to – Grid）等。车 – 万物通信的主要动机是为道路安全、交通效率、节能减排和大规模监控提供通信服务。车 – 万物通信通常依赖两种形式的无线电接入技术：基于 WiFi（IEEE 802.11p）和基于蜂窝（C – V2X）的无线电接入技术[55]。

2.1.3 AODV 路由协议

在智能交通系统中，因为无线传输距离的限制和障碍物的存在，车辆往往无法将数据直接发送到目标节点，所以车辆信息需通过 VANET 的多跳无线传输方式借助中继节点传送。VANET 是 MANET 的一个子类。因此，MANET 的路由协议均可用于 VANET。路由协议的有效性研究不在本书讨论范围内，本书为了测试和验证所提出的方法和机制，采用了最为广泛应有的移动自组网路由协议——AODV 路由协议（Ad hoc On – Demand Distance Vector Routing，AODV）[56]。

AODV 路由协议不依赖任何中心热点或基础设施，为网络中的移动节点建立和维护动态的、自启动的多跳路由路径。在基于 AODV 路由协议的网络中，每个节点都是一个特殊的路由器，并且按需建立路由路径。换句话说，AODV 协议网络中，路由路径的建立很少或几乎不依赖周期性的广播消息机制。由于引用了目的序列号，AODV 路由协议可以提供无环路的路由路径，甚至修复损坏链路。因为该协议不依赖全局性广播消息，所以对节点的总体带宽要求不高，网络负荷小。网络中的节点仅需维护其信号所及范围内节点（邻居节点）的路由，不需要维护其他节点的路由信息，因此 AODV 路由协议的计算量小，内存占用少。AODV 路由协议由两大功能模块组成：路径发现（route discovery）和路径维护（route maintenance）。AODV 路由协议的主要信息获取方式是定期广播 hello 消息。

1. 路径发现

当网络中的源节点准备与其他节点通信时，在路由表中未检索到到达该目的节点的有效路由信息。此时，源节点向其邻居节点广播路由请求包（Route Request，RREQ）来启动路径发现进程。这些邻居节点收到请求后，判断是否满足请求。若满足请求，返回路由回复包（Route Reply，RREP），若不满足请求，继续将该请求广播到自己的邻居节点。满足请求的条件是该节点是路由请求包的目的节点，或者该节点的路由表中有到达路由请求包目的节点的有效路径。AODV 路由协议使用目的序列号来确保无路由环路，并且包含最新的路由信息。每个节点维护自己的序列号和广播 ID。广播 ID 随着节点发起的路由请求包的个数递增。广播 ID 和源节点的 IP 地址可以唯一标识一个路由请求包。只有中间节点的路由表中有到达目的节点的路由信息，且对应的目的节点序列号大于或等于路由请求包中的序列号时，才能回应路由请求包。在路由请求包的转发过程中，中间节点在路由表中记录最早发送广播请求的邻居节点的 IP 地址，以便于建立反向路径。

2. 路径维护

在 AODV 路由协议中，如果源节点移动，则源节点必须重新启动路径发现进程来重新建立能够到达目的节点的新路由。如果活跃路径上的中间节点移动，则它的上游节点会发现并且向每个活跃的上游节点发送链路故障通知，告知发生故障的链路。这些上游节点继续通知自己的上游节点，直至到达源节点。如果源节点仍需要该路径，就重新启动路径发现进程。

3. hello 消息

hello 消息是 AODV 路由协议周期性发送的局部性广播消息。所谓局部性广播，是指被广播的数据包生存期（Time To Live，TTL）为 1 的广播。因为生存期为 1，所以不会造成全局性广播风暴。只有活跃路径上的节点才可以广播 hello 消息。在 AODV 路由协议中，节点可以通过广播 hello 消息，与周围邻居节点建立连接。如果过去的一段时间内（DELETE_PERIOD），它从邻居节点收到过一个 hello 消息，然后这个邻居节点超过一定时间（ALLOWED_HELLO_LOST × HELLO_INTERVAL）都没有收到任何包，则这个节点断定它与此邻居节点的链接已断开。由于 hello 消息是周期性的局部性广播消息，所以通过 hello 消息，在不依赖中心节点的情况下，能够实现相邻节点间的信息交换，例如行驶速度、方向、位置等。因此，hello 消息适用于车联网的分布式解决方案。

2.1.4 C–V2X 技术

近年来，国家对汽车工业提出"新四化"发展要求，即电动化、智能化、网联化和共享化。随之，智能交通系统领域呈现出数字化、网联化、智能化、自动化的新发展趋势。因此，以 5G 通信技术为代表的蜂窝网受到学术界和工业界的广泛关注。

C – V2X（Cellular Vehicle – to – Everything）是基于蜂窝网的 V2X 通信模式。C – V2X 结合移动边缘计算（Mobile Edge Computing，MEC）等其他 5G 蜂窝网的关键技术，为智能交通和自动驾驶领域提供小时延和高可靠的数据通信服务，从而实现信息实时共享、协同交互、协同感知和协同控制等智能交通领域的分级功能[57]。

2013 年 5 月，大唐电信集团的陈山枝团队首次提出 LTE – V（即 LTE – V2X）概念和关键技术，确立了 C – V2X 的系统架构和技术原理。C – V2X 的蜂窝与直通融合系统架构和控制方式如图 2 – 7 所示[58]，包括基于终端间直通通信方式（PC 接口）和基于蜂窝通信方式（Uu 接口）。PC5 近程数据交互接口实现车 – 车、车 – 路、车 – 人短距离、小时延、高可靠通信，支持交通安全类应用的数据交互和共享。PC5 接口通信方式采用基站集中控制和终端间分布式信道接入控制方法，在基站覆盖范围内、外或部分覆盖情况下均可实现通信任务。Uu 远程信息服务接口，基于基站转发

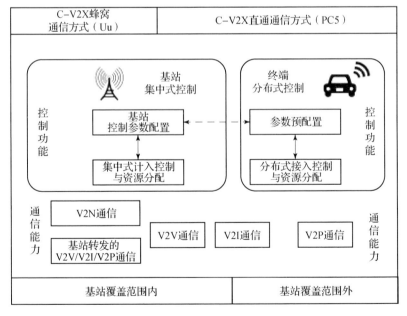

图 2 – 7　C – V2X 的蜂窝与直通融合系统架构和控制方式

实现车-网的长距离、宽带通信。Uu 接口通信方式采用基站集中式控制方法，只能在蜂窝覆盖范围内工作。C-V2X 通过 PC5 近程通信和 Uu 远程通信方式，为多样化的车联网应用提供不同的通信方式。

随着蜂窝网通信技术从 4G 演进至 5G，由 3GPP（3rd Generation Partnership Project）主导的 C-V2X 也经历了两个发展阶段，并形成了前后兼容的新版本：基于 5G 新空口（New Radio，NR）的 NR-V2X。为了满足以自动驾驶为代表的车联网增强应用的需求，3GPP 对车联网通信服务提出了更高的要求，例如在 C-V2X 直通链路上提供更可靠（99.999%）、更小时延（3 ms）和更高数据传输率（1 Gbit/s）等[57]。为了满足以上要求，C-V2X 中形成了多样的通信模式。其中，部分通信接口如图 2-8 所示。

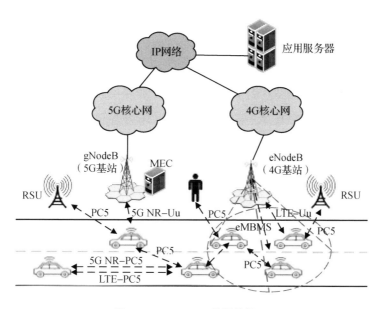

图 2-8　C-V2X 的通信接口

1. LTE-Uu 和 NR-Uu 通信接口

Uu 接口是传统的蜂窝网的空口，移动终端通过基站的 Uu 空口连接网络。LTE-Uu 是连接 4G 核心网的 Uu 接口；5G NR-Uu 是连接 5G 核心网的 Uu 接口。LTE-Uu 接口是指 LTE 系统中，用户终端（UE）和基站

(eNodeB)之间的无线接口。它是基于 3GPP Rel. 8 标准制定的,使用 OFDM 技术进行调制和解调。LTE – Uu 接口是 LTE 系统的核心部分之一,负责无线数据传输和控制信令传输,包括下行链路(从基站到用户终端)和上行链路(从用户终端到基站)。然而,NR – Uu 是 5G 标准中新引入的物理层技术,是连接用户终端和基站的无线接口。它是基于 3GPP Rel. 15 标准制定的,使用更加灵活的正交频分复用多址(OFDMA)调制解调技术。LTE – Uu 接口支持的频段范围为 450 MHz ~ 6 GHz 不等,覆盖了许多不同的无线通信应用场景,包括室内和室外环境。然而,NR – Uu 接口可以支持 450 MHz ~ 52.6 GHz 的频段。同时,NR – Uu 接口支持更高的频段范围,包括毫米波(mmWave)频段,这种频段具有极高的传输速率和更短的传输距离,可以实现更大的吞吐量、更小的时延、更高的可靠性和频谱效率。

2. 增强多媒体广播多播服务

增强多媒体广播多播服务(evolved Multimedia Broadcast Multicast Service,eMBMS)是通过蜂窝网的 Uu 接口实现单点对多点的广播或组播通信。eMBMS 是 LTE 技术中一种面向多媒体内容传输的服务。它可以在 LTE 网络中,通过广播和组播的方式向多个用户同时传输大量的多媒体内容,例如视频、音频、图像等。eMBMS 的广播模式是将同样的内容发送给网络中的所有用户,而组播模式是将内容发送给一组用户,这组用户可以事先通过特定的信令加入或退出该组。eMBMS 的组播模式可以更加灵活地控制内容的传输,能够将内容更加精确地传输到目标用户,同时可以减小网络负载,增加系统容量。eMBMS 技术在车联网中具有广泛的应用前景。通过 eMBMS 技术,车辆可以实现高效、可靠、小时延的信息交互,提高行车安全性,提供更好的驾驶体验,减少交通拥堵等。例如,道路交通信息、紧急广播、天气信息等,可以在车辆之间通过 eMBMS 广播传递,提高驾驶者对路况的了解程度,从而提高行车安全性和行车效率。

3. LTE – PC5 和 NR – PC5 通信接口

3GPP 在 Rel. 12 标准中引入了侧链(Sidelink)通信技术,即终端与终端之间的直连通信。PC5 是 3GPP 网络中定义的侧链接口的名称。LTE – PC5 和 NR – PC5 都是车联网通信中的接口标准，用于车 – 车、车 – 路、车 – 人等短距离设备间的通信。其中，LTE – PC5 是基于 LTE 技术的车联网通信接口，而 NR – PC5 是基于 5G 新空口的车联网通信接口。LTE – PC5 接口主要用于车辆与路边基础设施的通信，例如智能交通系统、行车安全预警等。该接口支持短距离的直接通信，具有小时延、高可靠性和低功耗的特点。然而，NR – PC5 接口支持更高的数据传输率和更多的连接数。相比于 LTE – PC5，NR – PC5 具有更高的灵活性和可扩展性，能够满足更复杂的车联网应用需求。另外，NR – PC5 还支持更多的通信模式，包括车辆与路边设备之间的直接通信，以及车辆之间的通信。这使 NR – PC5 能够实现更加智能化的车联网服务，例如车路协同、智能交通灯控制等。LTE – PC5 和 NR – PC5 都是车联网通信中重要的接口标准，它们的主要区别在于使用的无线技术不同。

2.2　车联网数据分发技术

数据分发的主要目的是在车与车之间、车与邻居车辆之间、车与 RSU 之间、RSU 与周围车辆之间，甚至车与所有感兴趣的节点之间实现数据交换。高效的智能交通应用离不开有效的数据分发技术。数据分发技术为汽车交通和自动驾驶应用提供实时可靠的数据传递服务。相比于其他无线网络，车联网中的数据分发有自己的独特特征。其独特性主要来自车辆的快速移动性和由移动性导致的高度动态性，包括网络连通性（connectivity）、网络拓扑（topology）以及可用性（availability）。例如，车联网数据分发需要考虑周围障碍物（建筑物、车辆、绿化带等）导致的无线信号衰减等。因此，车联网中大范围的信息分发非常具有挑战性。

通常，无线网络数据分发技术分为短距离直接数据分发技术（WiFi、DSRC 等）和长距离蜂窝数据分发技术（5G、C – V2X 等）[59]。短距离直接数据分发又可分为单跳的广播（broadcast）和多跳的再广播（rebroadcast）。

本节对基于广播的数据分发技术、基于多跳通信的数据分发技术、基于蜂窝的数据分发技术进行简要介绍。

2.2.1 基于广播的数据分发技术

数据广播是指发送节点单跳发送信息分组给其无线通信范围内的其他所有节点。通常，车联网中的数据广播以信标（beacon）的形式实现。因此，车联网中的数据广播也叫作发信标（beaconing）。信标是指节点周期性地发送信息给其无线通信范围内的所有邻居节点，即周期性广播。信标一般分为静态信标和自适应信标（动态信标）。

1. 静态信标

在自组织交通信息系统（SOTIS）中，首次引入了信标的概念[60]。SOTIS 是第一个完全去中心化的交通信息系统。静态信标的主要思想是所有车辆节点周期性地广播本地信息给周围邻居车辆。车辆节点将接收到的信息合并到本地知识库，在下一周期再次广播合并后的信息至周围车辆，从而实现数据分发和共享。

如图 2-9 所示，通过周期性的信标，数据可以被分发到其他车辆节点，即使在网络偶尔断开的情况下也能成功分发，甚至相向行驶的车辆、孤立簇车辆也能收到分发数据。车辆利用积累的知识库信息，可以对交通状况进行分析，将避险警告消息广播至周围车辆。

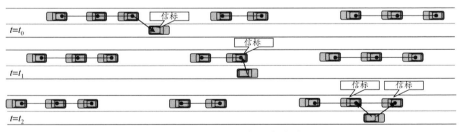

图 2-9 信标信息分发方式

欧洲联盟的欧洲电信标准协会（ETSI）和美国的汽车工程师协会（SAE）在早期的车间通信标准化工作中纳入了信标概念。例如，ETSI 的协同感知消息（Cooperative Awareness Message，CAM）和 SAE 的基本安全消息（Basic Safety Message，BSM）均属于基于 IEEE 802.11p 协议的信标概念。它们的周期范围规定为 1~40 Hz（最初是 1~10 Hz）。基于以上标准的协议需要设定信标频率，即该标准不支持基于当前环境状况动态自适应改变信标频率。因此，可能出现以下两种极端情况：①信标频率为 1 Hz 时，在交通流量稀疏的环境中，由于两次信标间隔太长，车辆可能在彼此的通信范围之内时收不到信标帧；②信标频率为 40 Hz 时，在交通流量密集的环境中，比如高速路主干道（5~10 车道的高峰时刻），在车辆节点的通信范围内很可能存在上千辆汽车，以 40 Hz 的频率广播信标很容易导致无线信道过载。另外，即使使用较低的信标频率，接收消息的所有节点重新广播也可能导致广播风暴。不难想象，这可能很快导致无线信道上产生大量消息，从而耗尽所有可用信道资源。

由于静态信标存在以上不足，车联网学术界提出了状态感知性的信标机制。随之，针对稀疏交通流量下信标无法到达所有车辆和密集交通流量下的信息过载问题，人们提出了一系列自适应解决方案。

2. 自适应信标

自适应信标的主要思想是使信标在时域（即改变信标间隔）或空间（即通过改变无线电的发射功率来利用空间分集）中自适应。自适应交通信标（Adaptive Traffic Beacon，ATB）[61]方法是最早的自适应信标方法之一。下面以 ATB 方法为例，简要介绍自适应信标数据分发技术。

ATB 方法通过动态管理信标间隔，避免密集交通流量环境中出现网络拥塞，同时保障紧急消息的小时延。ATB 方法设计了两个评价指标——信道质量（C）和消息效用（P），从而计算信标间隔（I）。

（1）信道质量 C 通过 3 个指标来估算，分别表示过去、现在和未来的网络状况。首先，节点通过统计信道上发生的消息冲突次数，度量信道过去状态 K［式（2.1）］。其次，节点连续测量信道的信噪比（SNR），计算信道当前使用状态 S［式（2.2）］。如果信噪比较低，即接收功率较低或干扰和噪声较强，则较大的信标间隔使车辆连接到较好的信道。最后，节点观测其他节点的信标，得出邻居节点数量 N［式（2.3）］，从而在一定程度上度量未来一段时间内的信道访问情况。式（2.4）给出了信道质量 C 的计算方法。其中，$w_C \geq 1$ 为权衡因子。

（2）消息效用 P 通过两个指标估算。其一是车辆节点与事件发生地之间的距离 D_e，这是消息效用的最直接指标，由式（2.5）计算可得。同理，消息效用评估中也考虑了车辆节点到下一个 RSU 的距离 D_r［式（2.6）］。在式（2.5）和式（2.6）中，v 是车辆节点的当前行驶速度。其二是消息年龄 A（新鲜度），越新的消息传播越快，其由式（2.7）计算可得。式（2.9）给出了消息效用 P 的计算方法。

$$K = 1 - \frac{1}{1 + \#\text{collisions}} \tag{2.1}$$

$$S = \max\left\{0; \left(\frac{\text{SNR}}{\text{SNR}_{\max}}\right)^2\right\} \tag{2.2}$$

$$N = \min\left\{\left(\frac{\#\text{neighbors}}{\text{max. }\#\text{neighbors}}\right)^2; 1\right\} \tag{2.3}$$

$$C = \frac{N + w_C \times \frac{S+K}{2}}{1 + w_C} \tag{2.4}$$

$$D_e = \min\left\{\left(\frac{\text{distance\_to\_event}/v}{I_{\max}}\right)^2; 1\right\} \tag{2.5}$$

$$D_r = \max\left\{0; 1 - \sqrt{\frac{\text{distance\_to\_RSU}/v}{I_{\max}}}\right\} \tag{2.6}$$

$$A = \min\left\{\left(\frac{\text{message\_age}}{I_{\max}}\right)^2; 1\right\} \tag{2.7}$$

$$B = \frac{1}{1 + \#\text{unknown\_entries}} \tag{2.8}$$

$$P = B \times \frac{A + D_e + D_r}{3} \tag{2.9}$$

$$I = I_{\min} + (I_{\max} - I_{\min}) \times (w_I C^2 + (1 - w_I) P^2) \tag{2.10}$$

ATB 方法通过自适应调制信标间隔 I，达到在最高的消息效用和最佳的信道质量时，让 I 最小化（信标发送频率最高）。在其他情况下，动态

调整 I［式（2.10），其中 $w_I=0.75$］，降低信标对信道的利用率，保障其他应用的畅通通信。其他类似 ATB 方法的自适应信标方法还有很多，例如 TRC、DynB、FairDD、FairAD 等方法。

2.2.2 基于多跳通信的数据分发技术

除了单跳广播数据分发之外，多跳数据分发技术也引起了学术界的广泛关注，因为此类分发技术可支撑公共安全类应用。利用多跳数据分发技术，可使驾驶员了解远至几千米外的路况和其他车辆行驶状况，从而提前做出驾驶决策。多跳数据分发技术往往涉及两个基础概念：一是与基于地理位置分发关联的智能洪泛（flooding）；二是起源于 DTN 的存储-携带-转发（store-carry-forward）。

1. 智能洪泛

将信息传播给所有其他节点的最简单的方法是数据洪泛，即源节点将信息发送给所有邻居节点，所有邻居节点收到信息后重复此过程，直到网络中所有节点收到该信息。这种简单的洪泛很容易造成全网的广播风暴问题。通常，广播抑制和地域群播（geocasting）是解决广播风暴问题的有效途径，称作智能洪泛。

广播抑制的主要思想是在所有可能转发信息的车辆中选择最佳候选车辆，所有监听到转发信息的其他车辆都应该取消（抑制）再广播。已有文献中已经提出基于广播抑制的智能洪泛方法。例如，TONGUZ 等人[62]提出了加权 p-坚持方法（weighted p-persistence）、时隙 1-坚持方法（slotted 1-persistence）、时隙 p-坚持方法（slotted p-persistence）等。这 3 种方法的共同思想是优先选择离源节点最远的节点作为转发节点。

（1）加权 p-坚持方法。当节点 j 收到来自节点 i 的数据包时，首先检查数据包 ID，如果该数据包是首次收到的数据包，就以概率 P_{ij} 再广播给邻居节点，否则丢弃该数据包。P_{ij} 由式（2.11）计算可得。其中 D_{ij} 为节点 i 和 j 的相对距离；R 为节点的平均传输距离。

$$P_{ij} = \frac{D_{ij}}{R} \tag{2.11}$$

(2) 时隙 1 - 坚持方法。当节点 j 收到来自节点 i 的数据包时，首先检查数据包 ID，如果该数据包是首次收到的数据包，并且在预定的时隙数之前未收到过该数据包的副本，则节点 j 在 $T_{S_{ij}}$ 时隙以概率 1 再广播该数据包，否则将其丢弃。$T_{S_{ij}}$ 由式（2.12）计算可得。其中，τ 是单跳时延；S_{ij} 是被分配的时隙序号，由式（2.13）计算可得。

$$T_{S_{ij}} = S_{ij} \times \tau \tag{2.12}$$

$$S_{ij} = N_S \left(1 - \left[\frac{\min(D_{ij}, R)}{R}\right]\right) \tag{2.13}$$

(3) 时隙 p - 坚持方法。当节点 j 收到来自节点 i 的数据包时，首先检查数据包 ID，如果该数据包是首次收到的数据包，并且在预定的时隙数之前未收到过该数据包的副本，则节点 j 将在 $T_{S_{ij}}$ 时隙以预定的概率 P 再广播该数据包，否则将其丢弃。

正如基于位置的路由策略可以解决网络动态性引起的问题，这种数据转发到特定的位置或区域的思想也适用于解决网络风暴问题。其原因是某些数据（严重交通事故通知信息或停车场信息）只与跟随车辆或开往某地的车辆有关。这种概念叫作地域群播：如果一个节点知道自己的位置、目的节点的位置以及所有邻居节点的位置，则它可以选择离目的节点最近的邻居节点作为下一跳转发节点或选择向给定区域内的所有节点分发数据，从而实现数据分发。在地域群播中，信息仅根据其地理坐标发送到特定地理区域内的节点。这种有针对性的方法减少了接收消息的节点数量，也减小了网络上的流量，从而可以防止广播风暴发生，并确保高效和有效的信息传递。此外，一些地域群播算法考虑特定区域内节点的密度，并相应地调整信息的传输功率。这确保信息只被发送到范围内的节点，进一步减小不必要的网络流量，并避免广播风暴。

2. 存储 - 携带 - 转发

车联网是一种间歇性连接的网络，很难用一种车间通信（IVC）方式提供稳定的端到端持续连接。这种间歇性连接也导致了洪泛方法的覆盖率低的问题。该问题在 DTN 中已被广泛研究。主要解决思想是基于存储-携带-转发机制（每个节点将数据包存储在本地缓冲区中，每当携带数据的节点与其他节点相遇时，就将数据包的副本转发给该节点），利用移动节点间的自发接触，以"感染"方式传播信息。

分布式车联网广播算法（DV-CAST）[63]是最早将基于洪泛的数据分发和存储-携带-转发结合的广播算法。DV-CAST 算法根据发送节点感知的车辆密度，在洪泛模式和存储-携带-转发模式间直接动态切换。如果类似高速路场景中没有潜在的反向转发者，DV-CAST 算法将利用反方向行驶车辆进行存储-携带-转发。如图 2-10 所示，高速路上行驶着 3 组（簇）车辆。假设簇-1 的簇头车辆开始分发信息，但是簇-1 和簇-2 之间网络不可达。此时，只有一种可能的通信方式（也是 DV-CAST 算法所采用的方式），即让簇-3 车辆将信息从簇-1 携带到簇-2。从网络覆盖率看，存储-携带-转发使通信变得更有效，但是传输时延变得不可预测。

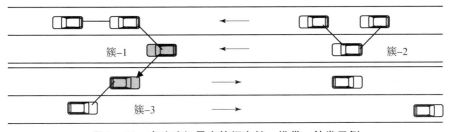

图 2-10 高速路场景中簇间存储-携带-转发示例

2.2.3 基于蜂窝网的数据分发技术

车联网通信中的数据分发技术除了车间直接通信方式之外，还有依靠基站的数据分发技术——基于蜂窝网的数据分发技术。蜂窝网是一种移动通信架构，由多个小区（cell）组成，每个小区由基站提供通信服务。基站的信号覆盖呈六边形，整个网络像一个蜂窝从而得名蜂窝网。蜂窝网通过利用载波的空间分集，在频分多址（FDMA）协议中实现了频率复用。

如图2-11所示,车辆驶过蜂窝网时,将连接到相应的蜂窝基站,以便获取持续的网络连接,车辆需要小区与小区之间进行网络切换(handover)。

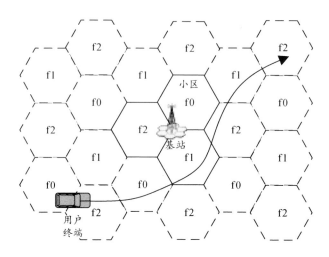

图2-11 蜂窝网布局示意

在车联网通信中,研究怎样利用蜂窝网进行数据分发问题时,通常有必要考虑以下两个概念不同的解决方案。第一种方案是利用蜂窝网,在任意(不一定连接到同一基站)两个车辆节点间建立网络连接,实现数据分发。其关键问题是如何分布式地维护目的节点地址。第二种方案是只利用本地小区的无线广播将数据分发至所有邻居车辆节点。下面对上述两种方案各举一个典型实例,并进行简要介绍。

1. PeerTIS

基于蜂窝网的大规模分布式交通信息系统中的数据分发技术已被深入研究。RYBICKI等人[64]基于分布式哈希表(Distributed Hash Table,DHT),提出了大规模分布式交通信息系统方案——PeerTIS。

在交通信息系统中,保持高分辨率的实时数据是PeerTIS的设计动机。如果在准静态和连接良好的网络中忽略任何瓶颈问题,则该动机是很容易实现的。然而,以完全分布式方式,在间歇性连接的网络中实现这一动机是个具有挑战性的问题,因为很难实现对所有数据的随机访问。通常数据具有局部性特征，因此一般解决思路是把数据存储在分布式哈希表中，以便随机访问。鉴于此，PeerTIS 采用了经典的 DHT——内容寻址网络（Content Addressable Network，CAN）[65]。动态哈希表的每个成员都维护部分地图相关的交通信息，即每辆车需要负责地图的特定区域。随着节点的加入和退出（join-and-leave），所负责的地图区域也随之改变。当有节点加入 PeerTIS 网络时，意味着某个节点的键域（key space）将被分成两部分。加入车辆将获得一半以上的数据，并负责与这部分地图相关的所以后续更新。图 2-12 概括了 PeerTIS 的总体思路。

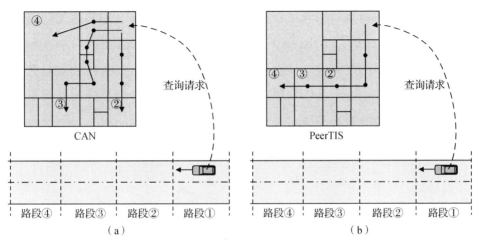

图 2-12 基于原始和优化后的分布式哈希表的 PeerTIS 方案

(a) 原始 DHT 算法；(b) 优化后的 DHT 算法

原始 DHT 算法中所引入的散列方法很容易导致节点管理的地图数据随机分布 [图 2-12（a）]。这种随机分布数据使查询时间变长、查询负载变大。PeerTIS 利用了底层地图和关联数据之间的直接关系，并以地图数据的相邻关系替换 CAN 的散列算法。因此，实际相邻的节点负责相邻地图信息，从而加快了查询速度。如图 2-12（b）所示，优化后的 DHT 算法实现了简单的单跳转发，查询并获取与规划路线相关的交通信息。

PeerTIS 算法仍有很大的优化空间，例如优化查询的时间相关性和节点的空间分布等。

2. CoCar

蜂窝网（无论 3G、4G 还是 5G）不仅支持单播通信，还支持组播通信，称为蜂窝组播（cellular multicast）。在 CoCar（Cooperative Cars）项目中，人们对蜂窝组播进行了深入的研究[66]。图 2-13 所示为 CoCar 通信架构。延迟敏感型的短距离数据分发由每个小区的专用组件负责，称为 CoCar 反射器。快速交通警报协议（Fast Traffic Alert Protocol，FTAP）信息以紧凑的二进制形式发送。在下行链路中，这些信息以同样的 FTAP 广播到同一小区的所有车辆。广域传播由中央聚合器（本质上是交通信息中心）协调，并由地域群播管理器执行。这些广域传播的信息以传输协议专家组（Transport Protocol Expert Group，TPEG）格式广播至不同小区的车辆。图中交通探测数据协议（Traffic Probe Data Protocol，TPDP）是一款轻量级二进制协议，用于上传和更新交通状况。CoCar 结合了蜂窝网数据分发的两种形式：单播和多播。

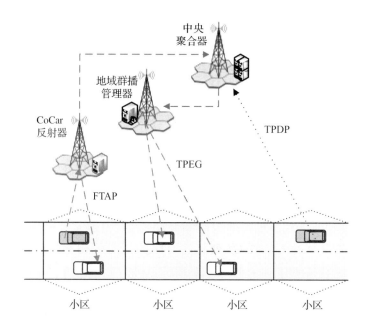

图 2-13 CoCar 通信架构

2.3 车联网通信技术应用

车联网通信技术可以帮助改善人们出行的安全性和生活水平。例如，车－车和车－路通信系统观测附近车辆的加速度和刹车行为，警惕驾驶员视线之外的潜在危险，预防事故发生。随着车间通信技术的不断进步，车辆编队应用成为可能。通过车辆编队，减小车头与空气的阻力，减少油耗。通过 V2P 通信的实时信息共享，不仅提高了交叉路口行人的安全性，也促使拼车和共享乘车等应用的落地。此外，车联网通信技术还可以给驾驶员及乘客提供其他有用信息，如路线导航、流媒体以及其他娱乐信息。车联网通信应用大致分为安全类应用、环境类应用以及便利性和商业类应用。

2.3.1 安全类应用

车辆安全仍然是汽车远程信息技术的主要驱动因素。在安全类应用中，信息传输方式包括周期性发布或事件驱动两种方式。一方面，通过周期性发布安全类信息，让驾驶员了解前方同方向或反方向行驶车辆的行驶速度等详细信息，以便提前调整加/减速度，保持安全距离。另一方面，由事件驱动的信息偶尔会被传递，比如在附近的车辆或救护车等紧急车辆突然硬刹车的情况下发生事件驱动型安全信息传输。此外，许多事件驱动方式信息传输的应用程序与更远距离的车辆相关是为了上游车辆能够及早采取对策，防止连锁反应事故等严重灾难的发生。图 2－14 和图 2－15 展示了 VANET 安全类应用示例。图 2－14 所示为车－车通信的单跳和多跳通信场景，图 2－15 所示为车－路通信的单跳和多跳通信场景。事件驱动方式的安全类应用中，把握安全与速度之间的平衡既是关键，也是难点。安全类应用对信息传播有严格的时延要求，通常为 100 ms 级，甚至更小[67]。

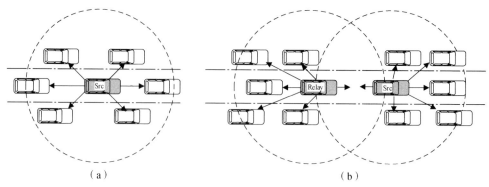

图 2-14 车-车通信安全类应用示例

(a) 单跳通信场景；(b) 多跳通信场景

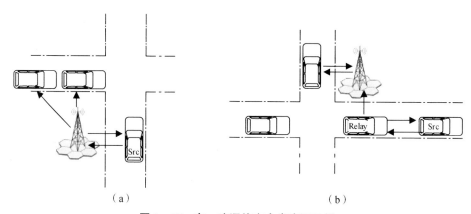

图 2-15 车-路通信安全类应用示例

(a) 单跳通信场景；(b) 多跳通信场景

2.3.2 环境类应用

随着环境污染问题越来越受到关注，VANET 的环境类应用也应运而生。正式和非正式的车辆编队都可以减少燃料消耗，提高客车和卡车的安全性。驾驶员根据最佳燃油效率计算出的推荐速度调整行驶速度，达到节能减排。对纯电动汽车和传统汽车的研究表明，通常基于 VANET 的绿色驾驶可以显著节省燃料和减少二氧化碳排放量[68]。这些应用旨在减小车辆对环境的负面影响，优化交通流量，节约能源，减少排放，提高交通系统的效率和可持续性。以下是一些车联网通信的环境类应用的例子。

（1）智能交通调度与导航。车联网通信可以实时收集道路信息、车辆位置和交通状况，通过智能导航系统提供最佳路线和交通调度建议，避免拥堵，缩短车辆行驶时间和减少能源消耗。

（2）交通信号优化。车辆之间的通信可以使交通信号灯根据实际交通流量和需求进行优化调节，缩短车辆等待时间，减少停车排队产生的尾气排放。

（3）能源管理。车联网通信可以实时监测车辆的燃油消耗、电动车的电池状态等信息，帮助车主和交通管理部门合理规划用能，减少能源消耗。

（4）环境监测。车辆装备环境传感器可以实时监测空气质量、温度、湿度等环境参数，通过车联网通信将数据传回交通管理中心，实现城市环境的实时监测和预警。

（5）共享出行。车联网通信技术为共享出行提供了便利。通过车辆定位和通信，可以实现共享车辆的实时定位和调度，减少车辆总体数量，减少城市交通压力和减少尾气排放。

（6）智能停车系统。利用车联网通信，可以实现智能停车系统，提供实时的停车位信息和导航服务，减少车辆在城市寻找停车位所产生的交通拥堵和污染。

这些环境类应用是车联网通信技术在环境保护和资源管理方面的具体应用，有助于改善城市交通环境，提高交通系统的效率和可持续性。随着车联网通信技术的不断发展和普及，这些应用将在未来发挥越来越重要的作用。

2.3.3 便利性和商业类应用

车联网中的非安全类应用包括便利性和商业类应用，其为车辆提供车载娱乐，优化旅途体验。商业类应用为驾驶员和乘客提供娱乐内容传输（音频和视频数据流）、Web 访问。便利性应用通过车辆和中央交通控制系统信息共享，优化驾驶体验，为乘客提供便利性服务。例如，便利性应用可以提供备选行驶路径，使驾驶员避开拥堵路段，以及提供停车场、超市、商场等场所的位置、距离、促销活动信息等。另外，在后疫情时代，便利性应用可以提供周围地区的疫情风险等级信息，保护乘客及驾驶员的身心健康。这些应用旨在提高车辆的安全性、舒适性和便利性，同时提供更高效的车辆运营和管理手段。以下是一些车联网通信的便利性和商业类应用的例子。

（1）车辆远程控制。车联网通信可以通过智能手机应用或互联网平台实现车辆远程控制功能，如远程启动、关锁、寻车、空调调节等。用户可以通过手机 App 控制车辆，提前预热车厢，以便于冬季出行，提高乘坐舒适度。

（2）智能车载娱乐。车联网通信技术为车载娱乐系统提供更多功能和服务。乘客可以通过车联网连接到互联网，享受在线音乐、视频、游戏等娱乐内容，优化乘坐体验。

（3）车辆诊断与健康监测。车联网通信技术可以实时监测车辆的状态和健康状况，提供车辆诊断服务。车辆故障或出现异常情况时，车主可以及时收到警报和提醒，及时处理问题，减少车辆故障带来的损失。

（4）车辆保险与定价。通过车联网通信技术，保险公司可以实时获取车辆行驶数据和车主的驾驶习惯，为车主提供个性化的车险定价。安全驾驶的车主可能享受更低的保费。

（5）移动支付与智能停车。车联网通信技术可以与移动支付平台结合，实现智能停车付费功能。车主可以通过手机 App 在停放车辆时自动完成支付，避免现金支付和找零问题，提高停车便利性。

（6）车辆共享服务。车联网通信技术为车辆共享平台提供了便捷的管理和调度手段。车主可以将自己的车辆加入车辆共享平台，实现车辆共享出租，获得额外收入。

（7）车辆定位与导航服务。车联网通信技术可以提供实时的车辆定位和导航服务，帮助车主轻松找到目的地，避免迷路，提高出行效率。

这些便利性和商业类应用是车联网通信技术的重要应用方向，它们可以大大提升车辆和交通管理的智能化水平，提供更好的用户体验和商业服务。随着车联网通信技术的不断发展，这些应用将继续扩展和深化。

2.4 车联网仿真平台

车联网相关研究需要大量的试验支撑。为了测试和评价一个新的网络协议或算法,构建真实的网络在很多情况下是不现实的,尤其是在车联网环境中。虽然在复杂的现实环境中的测试和评价能够得到比较真实的数据,反映新的网络协议或算法的优劣,但是构建一个真实的测试网络的成本过高,尤其在测试网络协议和算法的可扩展性时,涉及的节点数将以指数级增长,在现实环境中几乎无法实现。由于车联网包括复杂的交通环境和高速移动的大规模车辆,所以构建真实网络环境来测试和评价新的网络协议或算法更加困难。通过计算机仿真可以对新的网络协议或算法进行初步测试和验证,并且在发现问题时能够及时调整和改进。计算机仿真具有成本低、易扩展、方便快捷等特点,因此在网络研究领域被广泛采用。

本节简要介绍本书涉及的一些仿真平台。如图 2-16 所示,为了模拟车联网环境,本书采用了多个仿真软件的综合平台。其中,OMNeT++用于模拟离散事件;INET Framework 用于通信网络协议栈仿真;SUMO 用于模拟交通网络和车流量;Veins 用于桥接 SUMO 和 OMNeT++仿真平台。

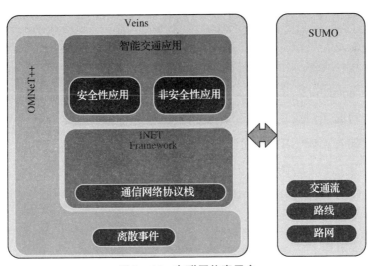

图 2-16 车联网仿真平台

2.4.1 OMNeT++

OMNeT++（Objective Modular Network Test – bed in C++）是一个面向对象的模块化离散事件网络仿真框架[69]。它具有通用性的体系结构，因此可以（并且已经）在广泛的领域中使用，例如有线和无线通信网络建模、协议设计、多处理器建模、硬件系统建模、复杂网络验证和评估，以及离散事件方法适用的任何领域。

OMNeT++本身并不是一个具体的仿真软件，而是用于编写仿真程序的框架。它的最大特点是具有模块化的组件体系结构，通过良好设计的可重用模块的组合可以实现复杂系统的仿真。模块之间可以通过门（gate）[有些系统将其称为端口（port）]相互连接，并组合成复合模块。OMNeT++采用分级嵌套模型，模块嵌套深度不受限制。模块与模块之间通过信息传递进行通信，信息沿着以门建立的连接路径传递或者直接传递。每个模块可以设置个性化参数，用于定义模块的行为特征。

OMNeT++仿真可以在多个用户界面中运行。它的图形化用户界面可以动画演示节点的移动轨迹、信息的传递过程。图形化用户界面便于仿真程序的调试；命令行用户界面更适合批处理多个执行任务。OMNeT++具有高度可移植性，支持所有主流的操作系统（Linux、MacOS、Windows等）。

表2-1所示为5种主流网络仿真平台的对比。其中，ns-2[70]（Network Simulator）是加州大学伯克利分校和南加州大学信息科学研究所联合开发的面向对象的网络仿真软件；ns-3[71]是ns-2的替代品，并支持Python语言；OPNET[72]（Optimized Network Engineering Tools）是1986年由麻省理工学院的两位博士创建的OPNET技术公司开发的网络仿真软件；QualNet[73]是由美国国防部高级研究计划局研发的商用网络仿真软件。经上述对比和对本书研究内容的综合考虑，本书采用OMNeT++仿真平台，主要理由如下。

表2-1 5种主流网络仿真平台对比

项目	OMNeT++	ns-2	ns-3	OPNET	QualNet
仿真方法	事件驱动	事件驱动	事件驱动	事件驱动	事件驱动
面向对象建模	是	是	是	是	是
用户界面	图形/命令行	命令行	命令行	图形/命令行	图形
编程语言	C/C++/NED	OTcl/C++	Python/C++	C/C++	C/C++
动画演示	支持	支持	支持	支持	支持
版权	开源	开源	开源	商用	商用
可支持操作系统	Linux/macOS/Windows	Linux/Windows	Linux/macOS/Windows	Solaris/HP-UX/Windows	Linux/macOS/Windows
移动模型	依赖第三方仿真软件	依赖轨迹数据	依赖轨迹数据	不完善	依赖轨迹数据

（1）OMNeT++是支持模拟离散事件的开源仿真平台。

（2）OMNeT++可嵌入网络通信仿真架构INET Framework，从而容易实现网络协议栈的二次开发和测试。

（3）OMNeT++可以通过嵌入Veins仿真框架与SUMO等交通仿真软件联动，构架更贴近现实的车联网模拟环境。

（4）OMNeT++的模块化架构更符合C++等面向对象的程序设计思路，易于搭建和实现复杂网络协议或算法。

2.4.2 INET Framework

INET Framework[74]是为通信网络研究者设计的、基于OMNeT++平台开发的开源模型库。INET Framework的模块包括互联网协议栈，例如TCP

（Transmission Control Protocol）、UDP（User Datagram Protocol）、IPv4（Internet Protocol version 4）、IPv6（Internet Protocol version 6）、OSPF（Open Shortest Path First）、BGP（Border Gateway Protocol）等，以及有线和无线链路层协议，例如 Ethernet、PPP（Point to Point Protocol）、IEEE 802.11 等。INET Framework 是基于信息传递进行通信的模块理念构建的，所有代理及网络组件由模块表示，这些组件可以自由组合成其他复合模块，例如主机、路由器、交换机等。用户可以通过创建新的组件或对已有组件进行修改来实现仿真目的。

INET Framework 主要包括 OSI（物理层、链路层、网络层、传输层，以及应用层）、各层的可扩展协议、IPv4/IPv6 网络协议栈、传输层协议（TCP、UDP、SCTP）、路由协议（有线路由和自组路由）、有线和无线网络接口（Ethernet、PPP、IEEE 802.11 等）、具有好扩展性的物理层、大量的应用模型、节点移动模型、物理环境模型、可视化模块等。

2.4.3 SUMO

SUMO[75]（Simulation of Urban MObility）是由德国宇航中心研发的、用于仿真大型交通场景、微观且空间上连续的、高度可移植的仿真平台。SUMO 是一款开源免费软件。相比于那些商业交通仿真软件，例如 CORSIM[76]、PTV VISSIM[77]、PARAMICS[78]、TRANSIMS[79] 等，SUMO 具有更好的扩展性，在学术界和工程界被广泛采用。

然而，这些仿真平台单纯地模拟实际的交通环境，例如路网、交通信号、车道、桥梁、河流、建筑、车辆、行人及其轨迹等，并不能实现车联网中所需要的通信网络协议。因此，需要其他通信网络仿真平台进行耦合。本书采用了 SUMO 与 INET Framework 的耦合机制，实现实际交通场景的仿真和路由协议的设计。

SUMO 仿真平台的车路模型生成过程主要包括两部分（如图 2-17 所示，图中深灰色方框表示 SUMO 提供的工具软件）。

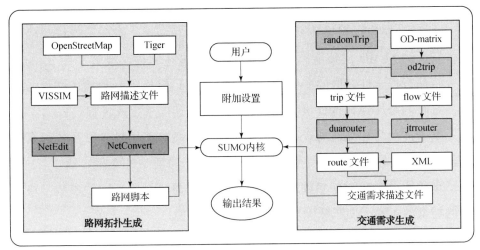

图 2-17 SUMO 仿真平台的车路模型生成过程

1. 路网拓扑生成

路网拓扑是构建交通仿真测试的首要条件。路网拓扑指的是静态交通路线地图，包括路段、节点、交叉口、交通信号灯等。SUMO 可以导入 OpenStreetMap[80]、Tiger[81]、VISSIM 等其他软件导出的地图文件。利用 SUMO 提供的 NetConvert 命令行工具，可将导出的地图文件转换成 SUMO 的路网脚本文件（*.net.xml）。用户也可以使用 SUMO 提供的 NetEdit 工具软件手动创建路网脚本文件。最后，将生成的路网脚本文件的路径和文件名添加到 SUMO 设置文件，从而在 SUMO 启动时可以调用相应的路网，完成路网拓扑生成过程。

2. 交通需求生成

静态的路网拓扑生成之后，交通仿真需要动态移动的车辆模型，其称为交通需求（traffic demand）。SUMO 在此定义了 3 个术语，即行程（trip）、路线（route）和车流（flow）。行程是车辆从一个地方到另一个地方的移动轨迹，由起始路段（edge）、目的路段和出发时间确定。路线是一个扩展的行程，路线的定义不仅包括起止路段和出发时间，还包括车辆所经过的所有路段。车流指的是共享同一个路线的所有车辆。在 SUMO 中，可以通过执行 randomTrip 命令行工具生成随机的行程描述文件（trip

文件），也可以利用 od2trip 工具将 OD 矩阵（Origin – Destination – Matrices）转换为行程描述文件。然后，执行 duarouter 命令，将行程描述文件转换为 SUMO 内核能够识别的交通需求描述文件。或者利用 jtrrouter 命令将从行程文件获取的车流文件（flow 文件）转换为行程描述文件。最后，将它们添加到 SUMO 设置文件中，完成交通需求生成过程。

本书涉及两种交通场景——城市路场景和高速路场景，以及各种车辆随机行驶的异构交通网络。因此，需要定义不同类型的车辆。表 2-2 列出了车辆的主要 SUMO 参数。在仿真试验中，通过设置不同的参数，获得不同类型的车辆，使车联网仿真更切合现实环境。

表 2-2 车辆的主要 SUMO 参数

属性	数据类型	默认值	描述
id	字符串	—	车辆类型名
accel	浮点	2.6	车辆加速度（m/s^2）
decel	浮点	4.5	车辆减速度（m/s^2）
emergencyDecel	浮点	9.0	车辆在物理上可能的最大减速度
sigma	浮点	0.5	跟车模型参数，取值范围为 [0, 1]，0 表示完美驾驶
tau	浮点	1.0	跟车模型参数，最小车头时距
length	浮点	5.0	车辆的净长（m）
width	浮点	1.8	车辆的净宽（m）
height	浮点	1.5	车辆的净高（m）
minGap	浮点	2.5	与前车的最小距离（m）
maxSpeed	浮点	55.55	车辆最大速度（m/s）
speedFactor	浮点	1.0	车道限制速度乘以该参数可得到车辆在本车道上的最大速度
speedDev	浮点	0.1	speedFactor 的偏差值
laneChangeModel	字符串	LC2013	车辆变道模型

续表

属性	数据类型	默认值	描述
carFollowModel	字符串	Krauss	车辆跟随模型
color	RGB – color	"1, 1, 0"（黄色）	车辆颜色

SUMO 还提供了 TraCI 接口（Traffic Control Interface），它以 C/S 模式运行。SUMO 作为服务器端提供 TCP 连接，其他软件作为客户端向 SUMO 发起连接请求。通过 TraCI 接口，TraCI 客户端可以实时访问和控制正在运行的交通仿真任务。以下要介绍的 Veins 就是通过 TraCI 接口实现了 OMNet++ 与 SUMO 的双向耦合。

2.4.4 Veins

Veins[82]（Vehicles in Network Simulation）是一款开源车联网仿真框架。Veins 是由德国德累斯顿工业大学的 Christoph Sommer 和德国埃朗根 – 纽伦堡大学的 Reinhard German 等人研发完成的，并在持续维护中。Veins 基于 OMNeT++ 的模块化结构，并通过 TraCI 接口与 SUMO 建立 TCP 连接，实现了交通路网和通信网络的双向耦合，解决了车联网仿真依赖轨迹数据的问题，还能够从 OMNeT++ 端控制 SUMO 中的车辆行为。图 2 – 18 所示为 SUMO 和 OMNeT++ 基于 Veins 的双向耦合关系。

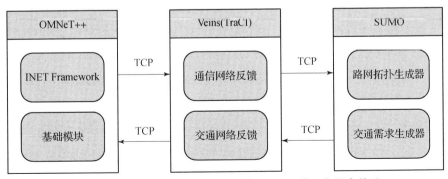

图 2 – 18　SUMO 与 OMNeT++ 基于 Veins 的双向耦合关系

长期以来，在车联网领域，仿真结果的质量在很大程度上取决于所采用的移动模型的质量。另外，基于轨迹数据的移动模型，无论它是观察现实世界获得的还是由某种仿真软件生成的，都有一个不可避免的弊端：这种基于轨迹数据的移动模型只能模拟道路交通对网络交通的影响，而反之则不然。

Veins 的仿真模型为车联网仿真研究开创了新的起点，受到了学术界的广泛关注，并已经出现了大量的以 Veins 仿真试验为验证手段的研究成果。

本书在 Veins 的双向耦合的基础上另外加载了 INET Framework，从而实现 MAC 层以上的协议在车联网中的验证、测试以及二次开发。

2.5 本章小结

本章作为后续章节的研究基础，主要对本书涉及的车联网通信技术及其应用和仿真平台进行了简要介绍。首先，由于本书的研究内容以车联网通信为背景，所以本章铺垫性地阐述了车联网通信技术，包括车联网数据传输技术和数据分发技术。车联网数据传输技术包括 IEEE 802.11p 协议、VANET 通信、AODV 路由协议和 C－V2X 技术。车联网数据分发技术包括以广播、多跳、蜂窝等为基础的数据分发技术。其次，为了让读者更直观地理解车联网通信技术，本章介绍了车联网通信技术的典型应用场景。最后，本章介绍了多个仿真软件融合构建的、交通网络和通信网络双向耦合的车联网仿真平台，本书提出的算法和机制均基于此仿真平台得到了有效性验证。

第 3 章 网络中自私节点影响的量化分析

本章的主要内容是从自私节点的移动性、密度、占比以及不同组合等角度量化分析自私节点对数据包到达率和端对端延时等网络性能的影响。为了后续对自私节点的检测和激励研究奠定基础,本章以 MANET 和 VANET 两种移动自组无线网络为网络环境进行了具体的测试和评价。

3.1 引言

随着物联网的不断普及和通信技术的快速发展,MANET 成为物联网中最重要的通信技术之一。MANET 是由大量的、自主的、资源受限的无线移动节点以自组形式组成的分布式通信网络。MANET 在即时组网需求的战争、搜救和其他工业场景中得到了广泛应用。MANET 中的每个节点同时充当两种角色:终端和路由器。作为终端,节点可以正常地发送或接收数据包;作为路由器,节点为其他节点转发数据包。MANET 节点可以是笔记本电脑、移动电话和平板电脑等以电池供电的任何移动网络设备。MANET 在交通领域中的应用催生出 VANET 通信技术。

在智能交通系统(尤其是 C - ITS)中,VANET 发挥着关键作用。例如,在安全信息分发应用中,车辆通过临时组建 VANET 将预警信息及时分发及转发给更远的车辆及基础设施节点，从而保障交通安全，降低交通事故率。VANET的通信模式一般包括车－车通信模式与车－路通信模式两种。在智能交通系统中，如果节点间存在直接通信链路，数据包可以直接被发送到目的节点，如果不存在直接通信链路，数据包将通过其他中间节点被传递至目标节点。

由于受限于无线通信范围的局限性和环境障碍物（包括建筑物、树林以及其他车辆）的影响，MANET和VANET通信都不可避免地依赖多跳通信技术实现可靠数据传输。另外，节点的算力、电量和通信带宽等资源的限制导致有些节点（节点的拥有者、手机用户或驾驶员）为了节省自身的有限资源而表现出自私行为，例如，在无报酬的情况下，不愿意为其他节点转发数据而耗费资源。此类节点的自私行为必然影响网络通信性能。在现有文献中，与自私节点相关的研究通常默认自私节点对网络性能具有负面影响，从而忽略对其进行更详尽的分析和量化。只有少部分可查文献分析了自私节点对网络性能的影响[5-11]，但是它们没有给出详尽的量化分析。

本章首先介绍了自私节点的定义和分类，然后从自私节点的移动性、密度、占比以及不同组合等角度量化分析自私节点对MANET和VANET通信性能的影响，为后续车联网环境中自私节点的检测和激励等研究问题提供数据支撑，并为此类研究领域提供参考性依据。

3.2 自私节点及其分类

3.2.1 自私节点的定义

自私是一种正常行为，它存在于生活中的每个角落，无线通信网络中的节点也不例外。MARTI等人在文献［14］中最早提出自私节点（selfish node）这一概念。文中定义自私节点如下：

"A selfish node is a node which takes advantage of the network by sending and receiving data in own interests. However, it is unwilling to forward data for other nodes in order to preserve own resources."

本书沿用了该定义,即自私节点是指利用网络资源发送或接收自身感兴趣的数据,而为了节省资源,拒绝为其他节点转发数据的节点。

3.2.2 自私节点的分类

为了细化分析自私节点的行为特性,本书根据自私节点拒绝转发的数据类型,将其分为 type-1 型自私节点和 type-2 型自私节点。根据节点自私性的稳定性,将自私节点分为静态自私节点和动态自私节点。

1. type-1 型和 type-2 型自私节点

在无线通信网络的网络层中有两种数据包:用户数据包和路由控制数据包。type-1 型自私节点不转发任何类型的数据包。然而,type-2 型自私节点协助路由协议转发或回复路由控制数据包,从而避免被路由协议孤立,但是拒绝转发用户数据包。type-2 型自私节点参与路由机制的另外一个原因是,无论对于数据包的数量还是大小而言,转发路由控制数据包的资源代价都小于转发用户数据包的资源代价。

2. 静态和动态自私节点

静态(static)自私节点是指其自私性在整个网络进程中保持不变的自私节点。动态(dynamic)自私节点是指其自私性在整个网络进程中动态变化的自私节点,例如,在资源充足时它表现出合作性,反之则表现出自私性。为了仿真模拟动态自私节点,本书采用均匀分布概率确定每个数据包是否被转发,如式(3.1)所示。若随机计算得出的均匀分布概率值大于等于 S_{thr},则该节点拒绝转发当前的数据包,即表现出自私性;若该值小于 S_{thr},则该节点转发数据包,即表现出协作性。

$$\text{Selfishness}: \begin{cases} \text{selfish}, & \text{uniform}(0,1) \geqslant S_{thr} \\ \text{normal}, & \text{uniform}(0,1) < S_{thr} \end{cases} \quad (3.1)$$

以上两种分类结果导致自私节点的 4 种组合类型,如表 3-1 所示。其中，静态自私节点相比动态自私节点更容易被检测，type-1型自私节点相比于type-2型自私节点更容易被检测。因此，静态type-1型自私节点是最容易被检测的自私节点，动态type-2型自私节点是最难被检测的自私节点。但是，动态type-2型自私节点更接近真实世界中的自私个体，从而能更准确地反映现实世界中的自私行为特征。

表3-1 4种类型自私节点的检测难易程度对比

节点	type-1型	type-2型
静态	简单	比较简单
动态	比较难	非常难

3.3 自私节点对MANET性能的影响

本节以更一般化和普适化的MANET作为网络通信环境，对自私节点对网络通信性能的影响进行量化分析。在MANET中，节点的移动速度较慢，移动轨迹较随机，并且节点的剩余能量（剩余电量）是关键资源。协作性和资源受限是MANET的两个相互矛盾的基本特征。一方面，由于无线通信节点的传输范围有限，所以节点间通信高度依赖中间节点的协作来保障可靠性；另一方面，MANET节点的资源（包括计算资源、通信资源、存储资源以及电池能量等）有限。这两大特征导致自私节点的存在，它将从多方面影响网络性能。由于MANET中不存在中心管理节点，数据通信高度依赖多跳的路由协议，所以数据转发成为网络进程的主要任务。如图3-1所示，自私节点的位置和数量的不同对网络性能的影响程度也不同，当网络拓扑结构中的关键节点表现出自私性时，其可能导致网络分裂。

本节通过数据包到达率、往返延时以及吞吐量等3个评价指标量化分析能耗导致的自私节点对MANET通信性能的影响。

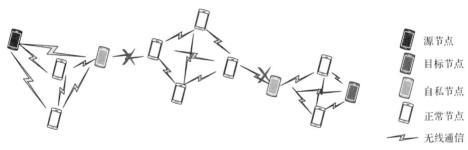

图 3-1 节点的自私性对 MANET 性能的影响

3.3.1 相关研究

近年来,无线通信网络中节点自私性问题受到学术界的广泛关注。但是大多数与自私节点相关的文献主要讨论自私节点的路由协议、自私节点的检测以及自私节点的激励机制等[30,32,83-87],而关于自私节点对 MANET 性能的影响方面的研究少之又少。

早期,KYASANUR 等人[88]分析了不遵守 MAC 层网络协议的强制性重传机制,通过故意缩短退避时间(backoff interval)获取不公平信道访问权限的异常行为节点,并对 IEEE 802.11p 协议进行了优化,增加了相应的检测和惩罚机制,有效控制了此类异常行为。后来,LEI 等人[89]对比了存在 MAC 层自私节点的 MANET 中的 AODV 和 DSR 路由性能,并总结为 MAC 层和网络层的协同可能是缓解 MAC 层自私性攻击的一种解决方案。KAMPITAKI 等人[6]在对自私节点进行分类的基础上,分析了 DSR 路由协议的网络性能。最近,LOUDARI 等人[4]在机会网络中研究了能耗引起的自私节点行为。文献[4]指出能耗是产生自私行为的决定性因素,但是它未对网络节点的移动性和密度进行充分的分析。在 MANET 环境中,网络拓扑结构的动态性、自私节点的移动性以及自私节点的密度等因素如何影响网络性能等问题仍处于亟待研究的状态。

3.3.2 基于能耗的自私节点

本书在 3.2.2 小节中基于均匀分布函数定义了动态自私节点。为了更贴切地分析自私节点，本节以节点的剩余能耗为判定自私性的基础，提出了基于能耗的自私节点。当节点的剩余能耗小于预先定义的阈值时，节点表现出自私行为，反之不然。换言之，当节点的剩余能量充足时，节点表现出协作性，当节点的剩余能量不充足时，节点表现出自私性。通常，MANET 节点依靠电池供电，剩余电量是节点最宝贵的资源，应该以最高优先级受到保护。因此，本书采用剩余电量表示节点的剩余资源。为了在 MANET 中模拟基于能耗的自私节点，在节点的网络层设计了自私性和协作性切换机制。具体来说，每个节点的路由协议为了转发数据包而查询路由表时触发该切换机制，计算当前剩余电量，并与给定的自私性阈值进行对比，最后决定是否转发该数据包。剩余电量大于自私性阈值时，数据包被转发，否则，数据包被路由协议丢弃。节点的状态由式（3.2）确定。其中，REC 代表剩余电量；D_{th} 代表关机阈值；U_{th} 代表开机阈值；S_{th} 代表自私性阈值。当 REC 小于 D_{th} 时，节点因剩余电量不足而关机，并触发充电。当 REC 大于 U_{th} 时，关机状态的节点启动。当 REC 大于 D_{th} 并且小于 S_{th} 时节点表现出自私行为。

$$节点状态 = \begin{cases} 启动, & REC \geqslant U_{th} \\ 自私性, & D_{th} < REC < S_{th} \\ 关机, & REC \leqslant D_{th} \end{cases} \quad (3.2)$$

在 MANET 中，节点的收发器是最大的能量消耗单元。本书中，节点的能量消耗是基于收发器的不同模式、状态以及在不同状态下持续的时长来计算的。收发器在空闲状态时能耗最低，在发送状态时能耗最高，而在接收状态时能耗在前两者之间。为了更清楚地展示 MANET 节点的能量变化，进行了简单测试，并收集了一个正常节点的相关数据。在该测试中，节点的电量上限为 0.025J，初始电量为 [0, 0.225] 间的随机数，测试时间为 100 s。图 3-2 清楚地展示了节点的充电、耗电和蓄电的变化情况。节点的电量从一个给定的随机初始值开始，随着节点参与网络通信进程，其电量不断减小。当节点的电量耗尽时，节点状态变为关机。随后，蓄电单元被触发，节点的电量达到开机阈值时，其状态变为工作状态，并且随着充电时间的延长,电量不断增加。然而,节点的收发器执行发送或接收操作时,耗电量增加,剩余电量快速减小。节点的收发器在工作,同时在蓄电,剩余电量减小缓慢。相反,节点的收发器处于空闲时,剩余电量的增加速度与蓄电时长成正比。

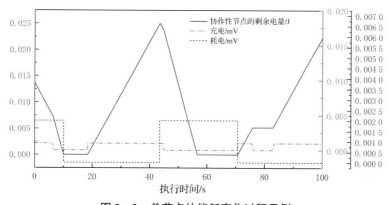

图 3-2 单节点的能耗变化过程示例

综上所述,用节点的剩余电量可以表示节点的剩余可用资源,进而确定当前节点的自私性。以上分析也说明了基于剩余能耗的动态自私节点更接近现实世界,更有利于分析节点的自私性。

3.3.3 评价方法及其指标

1. 评价方法

为了评价自私节点对 MANET 性能的影响,本书设计了传输层的 UDP 应用程序。该应用程序可被视为一种 MANET 负载,它的工作方式类似大部分操作系统的 ping 命令。发送节点产生 ping 请求至目的节点,并统计丢包个数及往返延时。每个发送出去的 ping 请求包都含有唯一的序列号,以便于在发送端统计 ping 响应包的个数及延时。在发送端收到的 ping 响应包的序列号有间断跳跃时,说明相应的 ping 请求包丢失。如果被记录为丢失的 ping 响应包延期到达发送端,丢包数应相应减少。如图 3-3 所示,发送方(源)节点和接收方(目的)节点分别固定在约束区域的左端和右端。发送方节点和接收方节点都不在彼此的传输范围内,这意味着它们至少借助一个中继节点来相互通信。所有其他节点随机分布在发送方节点和接收方节点之间，并在约束区域内任意移动。发送方节点和接收方节点以外的所有节点都是承担转发任务的中继节点。在该评价方法中，节点的自私行为更加明显，因为普通节点（除了发送方节点和接收方节点）所执行的唯一通信任务就是数据转发。

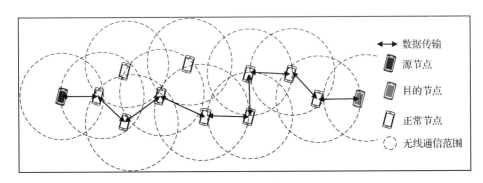

图 3-3 评价方法场景

2. 评价指标

数据转发是 MANET 节点的最基本的网络功能。为了从数据包转发效率的角度量化评价自私节点对网络通信性能的影响，本书采用了平均丢包率（Average Packet Loss Rate，APLR）、平均往返延时（Average Round-Trip Delay，ARTD）和平均吞吐量（Average Throughput，AT）3 个评价指标。

（1）平均丢包率（APLR）：是指丢失数据包数量占所发送数据包的比率，由式（3.3）计算可得。式（3.3）中，P_{sent} 为源节点发送的所有 ping 请求包个数，P_{lost} 为未响应 ping 请求包个数。

$$\text{APLR} = \frac{P_{lost}}{P_{sent}} \times 100\% \tag{3.3}$$

（2）平均往返延时（ARTD）：是指每个成功收到 ping 响应的数据包往返延时的平均值，由式（3.4）计算可得。式（3.4）中，$T_s(i)$ 表示第 i 个 ping 请求包发送时间，$T_r(i)$ 表示第 i 个 ping 响应包到达发送端的时间。

$$\mathrm{ARTD} = \frac{\sum_{i=1}^{P_{sent}-P_{lost}}[T_r(i)-T_s(i)]}{P_{sent}-P_{lost}} \tag{3.4}$$

(3) 平均吞吐量（AT）：是指整个网络进程中，单位时间内成功传输的比特数，由式（3.5）计算可得。式（3.5）中，P_{size}代表 ping 请求包的大小，T_b 和 T_e 分别是网络进程的开始和结束时间。

$$\mathrm{AT} = \frac{\sum_{i=1}^{P_{sent}-P_{lost}} P_{size}}{T_e - T_b} \tag{3.5}$$

3.3.4 仿真环境

1. 仿真平台

为了在 MANET 中量化分析基于能耗的动态自私节点对网络性能的影响，本节仿真试验采用了 OMNeT++（v5.5.1）和 INET Framework（v4.1.1）的集成仿真平台。其中，OMNeT++ 为仿真试验提供离散事件模拟环境，INET Framework 为仿真试验提供通信网络协议栈的实现和节点的移动模型。

2. 仿真参数

表 3-2 列出了 MANET 仿真场景的主要参数。每次仿真测试执行时间为 500 s，约束区域为 300 m×1 000 m 的矩形区域，节点移动模型采用了 MANET 中常用的随机路点移动模型（Random Waypoint Mobility, RWP）[90]，除了发送方节点和接收方节点的位置固定外，其余节点的初始位置是在约束范围内随机生成的。

表 3-2 MANET 仿真场景参数表

参数	值
Simulation Time	500 s
Simulation Area	300 m×1 000 m
Number of Nodes	最多为 50

续表

参数	值
Transmission Range	250 m
Mobility	Stationary, Random Waypoint
Node Speed	20~50 m/s
Packet Size	100 B
Packet Rate	1 pkt/s
Routing Protocol	AODV
Bit Rate	2 Mbit/s
NIC	IdealWirelessNic

在本节的仿真中,为了简单起见,调用了 INET Framework 的 IdealWirelessNic 模块,而不是特定的 MAC 层协议的实现。该模块是一种高度抽象化的无线网络接口卡(NIC),不涉及复杂的链路层和物理层协议细节,并且不影响测试网络层的通信性能。

表3-3列出了网络节点的能耗相关参数(表中 P.C. 表示电量消耗)。在 INET Framework 中,每个节点包括3个主要能量管理模块,分别是产能(Energy Generator)、储能(Energy Storage)以及消能(Energy Consumer)。Energy Storage 模块类似移动设备的电池;Energy Generator 模块在活跃(active)和休眠(sleep)两种模式间切换状态,在活跃状态时产生能量;Energy Consumer 模块根据收发器的状态参数动态消耗 Energy Storage 模块的能量。

表3-3 MANET 网络节点能耗参数表

参数	值
Nominal Capacity	0.05 J
Shutdown Capacity	0 J
Start Capacity	0.025 J
Initial Capacity	0~0.05 J

续表

参数	值
Power Generation	1 mW
Off P. C.	0 mW
Sleep P. C.	1 mW
Switching P. C.	1 mW
Receiver Idle P. C.	5 mW
Receiver Busy P. C.	10 mW
Transmitter Idle P. C.	2 mW
Transmitter Transmitting P. C.	100 mW

注：

（1）每一轮仿真程序以不同的随机种子执行50次，取其平均值，试验结果图中的误差条表示95%的置信区间。

（2）网络节点个数不包括发送方节点和接收方节点，只包括中继节点。

（3）发送方节点和接收方节点之间的距离足够远（超出最大无线通信范围），multi-hop通信是唯一的通信方式。

（4）动态自私节点仅当剩余电量小于自私性阈值时表现出自私性行为（不转发数据包）。

（5）为了直观地表达自私性阈值，仿真中使用了剩余电量与最大可容电量之比，而非具体电量的焦耳值。

3.3.5 试验结果

本节旨在充分量化分析基于能耗的自私节点对MANET通信性能的影响，因此从以下5个方面进行仿真试验。

1. 节点的自私性对能耗的影响

在MANET进程中，协作性节点（正常节点）不考虑自身资源的耗费,通过转发数据包的形式,始终与其他节点保持合作关系。然而,自私节点为了节省自身资源,拒绝为其他节点转发数据包。为了量化自私节点通过拒绝转发数据包所节省的资源(能耗),进行如下仿真试验。

仿真试验中部署了发送方节点、接收方节点以及 10 个中继节点,仿真试验耗时 100 s。本次仿真对比了两组试验,第一组试验中 10 个中继节点均被设置为协作性节点,第二组试验中 10 个中继节点均被设置为自私节点。为了保持对比试验的公平性,从两组试验中抽取了同一个节点(除了自私性设置不同之外,其余参数完全一致),记录了该节点剩余电量的变化情况,如图 3-4 所示。

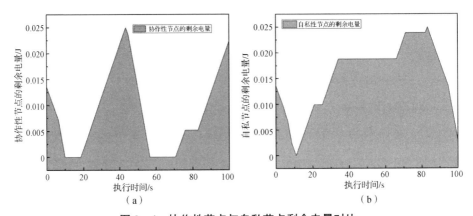

图 3-4 协作性节点与自私节点剩余电量对比

(a) 协作性节点剩余电量;(b) 自私节点剩余电量

显然,自私节点的剩余电量累计额(阴影部分)明显大于协作性节点。从量化的角度看,自私节点和协作性节点的累计剩余电量分别为 3.474 881 833 J 和 2.128 937 979 J,这说明节点通过 100 s 的自私行为节省了大约 1.345 943 854 J 电量。这个试验量化分析和探究了节点自私性的动机。

2. 节点的移动性对 MANET 性能的影响

移动性是 MANET 最关键的特征之一。MANET 的性能不仅受节点的自私性影响,而且也受节点的移动模型影响。为了评估节点的移动模型对 MANET 性能的影响,本节对比了两种 MANET 的性能:静止节点 MANET 和移动节点 MANET。本节只考虑正常节点静止状态和随机路点移动状态下的 MANET 性能。对于更多移动模型之间的区别及其相关研究不在本书研究范围内。

在本试验中，对比了 4 种仿真场景。①Stationary：所有中继节点随机分布在约束区域内，并且位置固定，不移动。②RWP：所有中继节点遵守随机路点移动模型（random waypoint mobility model），在约束区域内随机移动。③Stationary – battery：与 Stationary 类似，但是考虑了节点的能耗。④RWP – battery：与 RWP 类似，但是考虑了节点的能耗。中继节点个数从 10 增加至 50，增加步长为 10。试验结果如图 3 – 5 所示。

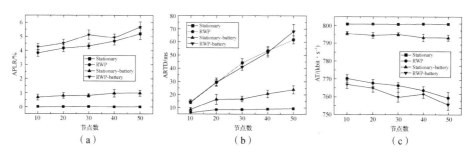

图 3 – 5　随机路点移动模型对 MANET 性能的影响

(a) 平均丢包率；(b) 平均往返延时；(c) 平均吞吐量

从图 3 – 5 (a) 看出，RWP 和 RWP – battery 的平均丢包率明显高于 Stationary 和 Stationary – battery，这说明节点的移动性导致平均丢包率的急剧上升。其主要原因是节点的移动性导致频繁的无线链路中断，从而丢包率上升。相反，Stationary 和 Stationary – battery 的丢包率很低，甚至接近 0%，这说明在随机分布的中继节点中几乎总能找到一条有效路由路径，数据包从发送方节点成功到达接收方节点。除此之外，Stationary – battery 和 RWP – battery 的丢包率高于其他两种未考虑能耗的场景。其原因是少部分考虑能耗的节点因耗尽所有能量而进入关闭掉线状态，从而出现链路的意外中断现象，导致数据包无法正常传送，丢包率升高。

从图 3 – 5 (b) 看出，考虑随机路点移动模型的 RWP 和 RWP – battery 的平均往返延时随着节点个数的增加而急剧增大。其原因是数据通信中参与的节点数越多，数据包从发送方节点到接收方节点的路径越长

(跳数越多)。另外,由于节点的移动性引起网络拓扑的高度动态性,所以路由协议的路径发现(route discovery)和路径维护(route maintenance)操作将花费更多时间,延长数据包的往返延时。此外,路由协议在每个节点的执行时间总和随着中继节点数的增加而增加。在节点静止(Stationary 和 Stationary – battery)的情况下,随着网络中总节点数的增加,每个节点的可能邻居节点(距离为一跳的节点)数也增加,从而改变节点通信范围内的最近距离节点,改变路由路径,增加路由路径数量,延长通信时间。最后,节点随机部署的初始位置也是不可忽略的影响因素,尤其在静止节点网络中容易导致往返延时增大。静止节点网络的平均往返延时远小于随机路点移动模型网络,其原因是静止节点的路由表相对稳定,相比于随机路点移动模型节省了大量的路由发现时间和路由表频繁更新时间。

从图 3 – 5(c)看出,Stationary 和 Stationary – battery 的平均吞吐量远大于 RWP 和 RWP – battery 的平均吞吐量。换言之,Stationary 和 Stationary – battery 的带宽利用率高于 RWP 和 RWP – battery 的带宽利用率,其主要原因是 Stationary 和 Stationary – battery 的平均丢包率较低[参见式(3.5)]。

综上所述,节点的移动性作为 MANET 的一个关键特性,对 MANET 性能有明显的负面影响。

3. 自私节点的密度对 MANET 网络性能的影响

节点的密度通常是指单位平方区域内节点的个数。本书中,仿真区域的约束范围已固定,因此节点的个数可视为节点的密度。为了量化分析不同密度的自私节点对网络性能的影响,进行如下仿真试验。

首先,为了评估自私性阈值对网络性能的影响,从而进一步确定基于能耗的动态自私节点的自私性阈值,在渐变的自私性阈值下(10%~90%,步长为10%)对比了3个评价指标。试验中,总节点数不变(50个节点),并且排除了0%和100%,因为它们分别表示协作性节点和静态自私节点。试验结果如图 3 – 6 所示。试验结果[图 3 – 6(a)、图 3 – 6(c)]显示,随着自私性阈值的增大,平均丢包率上升,而平均吞吐量减小,这说明自私性阈值(剩余电量占可容电量的百分比)越大,网络中的自私节点越多。从图3-6(b)看出,平均往返延时受自私性阈值的影响不明显。其原因是数据包平均往返延时只与成功ping响应的数据包个数有关,并且固定的节点数(50个)对路由策略影响不显著,因此平均往返延时变化不明显。然而,节点的动态自私性和移动性造成了平均往返延时的小幅度波动。由于节点的剩余电量是时变的,所以节点在协作性和自私性两种状态间动态变化。从上述试验结果可以推断,大多数节点的剩余电量为比较大的值,因为平均丢包率随着自私性阈值的增大而上升。以此为依据,本节的后续试验中将动态自私节点的自私性阈值设置为30%。

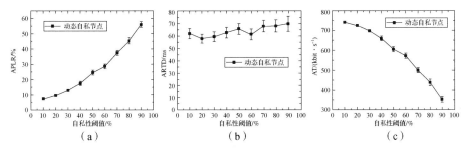

图3-6 不同自私性阈值对MANET性能的影响(总节点数:50)

(a) 平均丢包率;(b) 平均往返延时;(c) 平均吞吐量

其次,为了评价不同节点数(节点的密度)对MANET性能的影响,进行了两组仿真试验:第一组,所有节点均被设置为协作性节点(自私性阈值被设置为0%);第二组,所有节点均被设置为基于能耗的动态自私节点(自私性阈值被设置为30%)。在两组试验中,节点数从10增至50,其递增步长为10。试验结果如图3-7所示。

从图3-7(a)看出,随着节点密度的增加,两组试验中的平均丢包率也升高。其原因是节点的移动性导致网络拓扑结构的动态变化,节点数越多,网络拓扑结构越复杂,进而引起网络链路的频繁中断。另外,动态自私节点的平均丢包率高于协作性节点的平均丢包率,因为当自私节点的剩余电量小于自私性阈值时该节点拒绝为其他节点转发数据包,从而导致丢包数增多。试验结果进一步证实了节点的自私性使MANET的丢包率急剧上升。

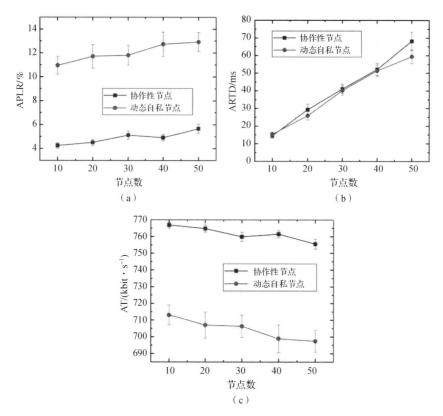

图 3 - 7　自私节点的密度对 MANET 性能的影响（自私性阈值：30%）

（a）平均丢包率；（b）平均往返延时；（c）平均吞吐量

从图 3 - 7 （b）看出，随着节点密度的增加，两组试验的平均往返延时均增大。在 MANET 中，随着参与的节点数增多，网络拓扑结构变得越来越复杂，因此路由协议计算复杂度提升，从而数据传递延时变大。然而，在动态自私节点场景下，平均往返延时略微小于协作性节点场景下的平均往返延时，因为基于能耗的动态自私节点不仅拒绝转发用户数据包，也拒绝转发路由控制包，所以能够参与有效路由的节点数减少，导致路由延时变大。

从图 3 - 7 （c）看出，随着节点密度的增加，平均吞吐量快速减小。其原因归结为，由于平均丢包率随着节点密度的增加而升高，能够反馈的 ping 响应数据包减少，所以平均网络带宽利用率（吞吐量）下降。

综上所述，自私节点数量的不断增加将降低 MANET 的通信性能，这说明高密度自私节点对 MANET 性能有明显的负面影响。

4. 自私节点的占比对 MANET 性能的影响

本书中，自私节点的占比是指自私节点数占总节点数的比例。为了分析不同的自私节点占比对 MANET 性能的影响，对比了不同占比的静态自私节点和动态自私节点的平均丢包率、平均往返延时和平均吞吐量。

在两组试验中，总节点数均被设置为50，自私节点的占比从10%递增至90%，其步长为10%。此处排除了0%和100%的情况，因为自私节点的占比为0%表示全网没有自私节点，自私节点占比为100%表示全网节点均是自私节点，此类情况上文已讨论。如果静态自私节点的占比为100%，则没有任何一个 ping 请求包能够达到接收方节点，因为无法找到协作性中继节点转发数据包。试验结果如图 3-8 所示。

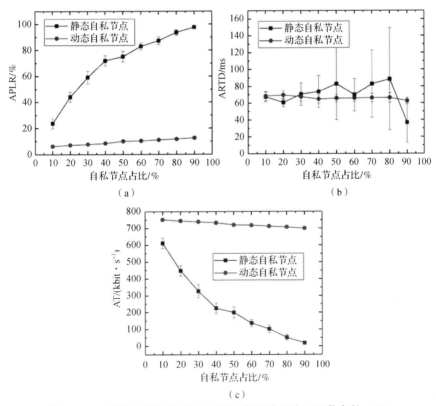

图 3-8 自私节点的占比对 MANET 性能的影响（总节点数：50）
（a）平均丢包率；（b）平均往返延时；（c）平均吞吐量

从图 3-8（a）看出，无论动态自私节点还是静态自私节点，它们的平均丢包率随着自私节点占比的升高而升高，高自私节点占比更容易导致数据包丢失。在试验结果中，静态自私节点占比的升高对网络性能的影响大于动态自私节点。其原因是静态自私节点占比升高意味着网络中的静态自私节点的相对数量增加，可转发数据的协作性节点减少，最终在少数的协作性节点中建立有效路由的概率降低。相反，动态自私节点占比升高时，网络的平均丢包率上升不是很明显，因为动态自私节点的自私行为取决于剩余电量是否在自私性阈值之下。

从图 3-8（c）看出，两组试验的平均吞吐量均随着自私节点占比的升高而减小。然而，对于动态自私节点，平均吞吐量减小程度没有静态自私节点明显。此结果的原因可由平均丢包率上升的理由解释，在此不再赘述。

图 3-8（b）展示了两组试验的平均往返延时随着自私节点占比增加的变化情况。动态自私节点的平均往返延时比较稳定，而静态自私节点的平均往返延时波动明显。随着静态自私节点的占比升高，网络中建立有效路由路径的难度增加，因此每个数据包从发送方节点到达接收方节点的路径不稳定，每个数据包的往返延时差异变大，引起了平均往返延时的大幅变动。另外，试验中自私节点的选择是提前人为确定的，主观性较强。具体来说，在测试 10% 的自私节点占比的试验中，从全网 50 个节点中选取前 5 个序号的节点设置为自私节点（node［0］~ node［4］）；在测试 20% 的自私节点占比的试验中，从全网 50 个节点中选取前 10 个序号的节点设置为自私节点（node［0］~ node［9］），依此类推。这种节点的选取方式将导致试验结果存在一定程度的不可靠性，因此下文将评价自私节点的不同组合（不同选取方式）对 MANET 性能的影响。

5. 自私节点的不同组合对 MANET 性能的影响

理论上，如果随机性拓扑变化足够多样，则自私节点的每种组合的概率趋于相等。然而，实际中，节点的移动轨迹具有一定程度的规律性和重复性，尤其限于交通规则和道路情况的 VANET 节点更是如此，无法达到真正的随机性。因此，研究自私节点对网络性能的影响时，自私节点的不同组合是一个不可忽视的因素。另外，MANET 节点的位置、速度和邻居节点都在随着时间动态地变化，因此自私节点的不同组合能够反映自私节点的综合特征。为了评价自私节点的不同组合对 MANET 性能的影响，对静态自私节点网络环境和动态自私节点网络环境分别进行试验。

首先，在仿真网络中部署 5 个中继节点，其移动模型为随机路点移动模型。然后，选取两个中继节点，设置为自私节点，即自私节点占比为 40%。所有自私节点的选取组合方式有 10 种：(0, 1)，(0, 2)，(0, 3)，(0, 4)，(1, 2)，(1, 3)，(1, 4)，(2, 3)，(2, 4) 和 (3, 4)。其中 (i, j) 表示本次试验中标号为 i 和 j 的两个中继节点被设置为自私节点。试验结果如图 3-9 和图 3-10 所示。两组试验结果表明，在自私节点占比（40%）相同的情况下，不同自私节点组合的 3 个网络性能评价指标均有不同程度的差异。

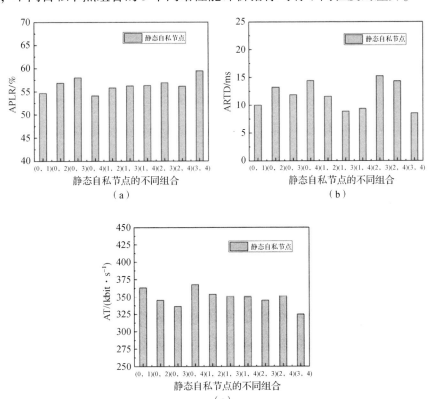

图 3-9 静态自私节点的不同组合对 MANET 性能的影响（总节点数：5）

(a) 平均丢包率；(b) 平均往返延时；(c) 平均吞吐量

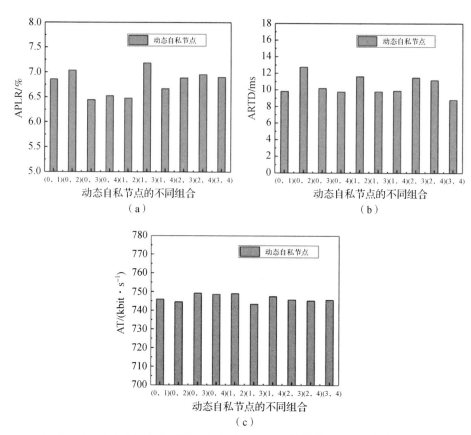

图 3-10 动态自私节点的不同组合对 MANET 性能的影响（总节点数：5）
(a) 平均丢包率；(b) 平均往返延时；(c) 平均吞吐量

另外，在相同的移动模型下，为了量化分析不同自私节点组合对网络性能的影响，在每轮仿真中采用了相同的移动模型随机种子。试验结果如图 3-11 所示，静态自私节点的平均丢包率因不同的组合而有显著差异。当自私节点组合为 (1, 4) 时，平均丢包率最低（43.548 4%）；当自私节点组合为 (3, 4) 时，平均丢包率最高（77.822 6%）。平均往返延时差异更明显，当自私节点组合为 (0, 2) 时，平均往返延时长达 225.86 ms；当自私节点组合为 (1, 4) 时，平均往返延时仅为 5.809 94 ms。两组试验中，其他评价指标也因选择了不同自私节点组合而结果相差甚大，这表明自私节点的不同组合对网络性能的影响不容忽视。

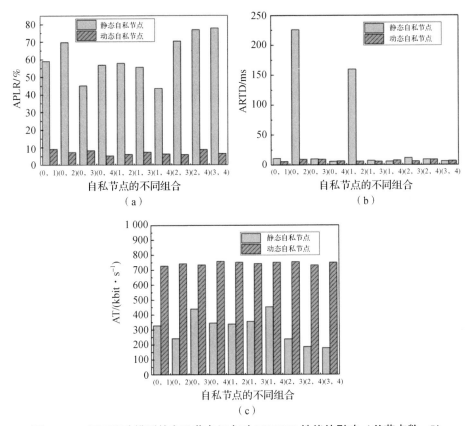

图 3-11 相同移动模型的自私节点组合对 MANET 性能的影响（总节点数：5）

(a) 平均丢包率；(b) 平均往返延时；(c) 平均吞吐量

本节量化分析了基于能耗的动态自私节点对 MANET 性能的影响。从试验结果看，自私节点的移动性和占比对 MANET 性能影响最大，但是在实际应用中，根据具体网络环境，应综合考虑以上影响因素。

3.4 自私节点对 VANET 性能的影响

本节以更具体的 VANET 为网络通信环境，对自私节点对网络性能的影响进行量化分析。VANET 是 MANET 在交通环境中的应用，为交通应用提供车-车、车-路以及车-网通信模式。因此，VANET 除了具有 MANET 的基本特征，还具有如下有别于 MANET 的独特之处。

（1）车辆节点的移动轨迹具有一定程度的可预测性。由于道路布局和交通规则的限制，车辆的移动具有秩序性，所以车辆节点的移动轨迹是在一定程度上可预测的。

（2）网络拓扑结构高度动态。相对于 MANET 节点，车辆节点的移动速度快，网络拓扑实时快速变化。

（3）具有强延时约束。为了避免交通事故，交通安全应用对通信延时有强约束，一般延时上限为 100 ms。

（4）节点密度多变。VANET 相对于其他移动自组网，节点密度是不均衡的、多变的（例如，交叉口或交通拥堵路段的车辆密度高于其他路段，城市车辆密度高于郊外）。

（5）网络规模庞大。在城市中心，VANET 的车辆节点数可能非常多，通过 RSU 的中继，VANET 还可能包括多个城市网络。

本节主要基于上节内容，以平均包到达率和点对点延时为评价指标，量化分析动态和静态自私节点对 VANET 性能的影响。本节中，"车辆"和"节点"视为可互换使用的相同术语。

3.4.1 相关研究

根据以往的相关文献，在 VANET 环境中包括自私性在内的节点异常行为研究受到学术界的广泛关注。其研究主题大致可归类为：自私节点的检测、自私节点的激励以及自私节点的评价三大类。

ROSELINMARY 等人[91]在 VANET 环境下，提出了攻击报文检测算法（Attacked Packet Detection Algorithm，APDA），利用 RSU 所记录的车辆速度、位置以及每秒广播的数据包个数等信息，检测拒绝服务攻击（Denial of Service，DoS）。而后，SINGH 和 SHARMA[92]对 APDA 进行了改进，提出了增强的 APDA（Enhance Attacked Packet Detection Algorithm，EAPDA）。EAPDA 通过进一步对节点广播数据的频率统计分析，提高了检测效率，同时提升了网络吞吐量。KIM 等人[93]在软件定义车辆云计算网络（Software-Defined Vehicular Cloud，SDVC）环境下，提出了基于多类支持向量机（Support Vector Machine）的协作性安全攻击检测机制。然而，该机制要求每个车辆节点有足够的资源去处理车流数据。HADDADOU 等人[94]在 VANET 环境下，基于就业市场信号传递模型提出了 DTM2 分布式信任模型。该模型以分发信任值（credit）的方式激励自私节点协作。PANDEY[95]在 VANET 环境下，分析了自私节点对 AODV 路由协议的影响。该研究表明，网络中存在适当的自私节点对减小路由开销有正面影响。

然而，自私节点的移动性、密度及其在全节点的占比对 VANET 性能的影响还未得到充分地讨论，对静态自私节点和动态自私节点尚未进行区别化研究。

3.4.2 评价方法及其指标

本节中，根据节点的自私行为的持续性，将自私节点分为静态自私节点和动态自私节点。静态自私节点是指节点的自私性一直不变，在整个网络进程中始终表现出自私性。动态自私节点是指节点的自私性不确定，以某种概率表现或不表现自私性。本节中以式（3.1）定义动态自私节点。

1. 评价方法

为了评价自私节点对 VANET 性能的影响，本书设计了传输层的 UDP 应用程序。该应用程序可视为 VANET 负载。VANET 中的每个节点既是发送方节点（源节点）也是接收方节点（目的节点）。每个节点都有一个目的节点 IP 地址列表，周期性（1Packet/s）地随机选取一个目的地址，发送 UDP 数据包。由于网络中的所有节点利用所有可能路径发送或接收数据包，所以以所有发送或接收的统计数据评价网络性能可以更准确地反映整体网络性能。

该评价算法的框架代码如算法 3.1 和算法 3.2 所示，以离散事件驱动方式设计，用到 3 个自消息：START、SEND 以及 STOP。自消息不属于 UDP 数据包，是 OMNeT++内置的离散事件调度机制。自消息 START 触发 process_start 函数，初始化目的地址以及通信套接字相关参数。自消息

SEND 触发 process_send 函数，发送 UDP 数据包，如算法 3.2 所示。自消息 STOP 触发 process_stop 函数，负责关闭套接字。当节点收到 UDP 数据包时，process_packet 函数被触发，处理收到的 UDP 数据包（计数、统计）。评价算法流程如图 3-12 所示。

算法 3.1　每个节点执行

1：initialize（int stage）　　　　　　　　//参数初始化
2：**repeat**
3：　　HandleMessageWhenUp（msg）　　//处理达到的消息
4：**until**　无事件发生
5：finish( )　　　　　　　　　　　　　　//处理统计数据
6：**function** HandleMessageWhenUp（msg）
7：　　**if** is msg self message **then**
8：　　　　**if** msg.kind == START **then**
9：　　　　　　process_ start ( )
10：　　　**else if** msg.kind == SEND **then**
11：　　　　　　process_ send ( )
12：　　　**else if** msg.kind == STOP **then**
13：　　　　　　process_ stop ( )
14：　　　**else**
15：　　　　　throw error
16：　　　**end if**
17：　**else if** is msg data packet **then**
18：　　　process data packet
19：　**else**
20：　　　throw error
21：　**end if**
22：**end function**

算法 3.2　发送 UDP 数据包

1：payload←newAppPacket（name）
2：destAddr←chooseDestAddr ( )　　　　//随机选取一个目的地址
3：SOCKET.SendTo（payload, destAddr, destPort）
4：numSent←numSent + 1
5：t←SimTime ( ) + sendInterval
6：ScheduleAt（t, msg）　　　　　　　　//调度下一个自消息 SEND

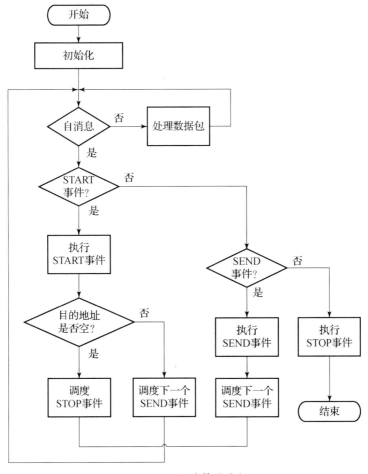

图 3-12 评价算法流程

2. 评价指标

由于多跳数据转发是 VANET 的最主要的网络功能,所以数据包的到达率和传输时间是反映网络性能的重要指标。为了评价自私节点对网络性能的影响,本书采用平均数据包到达率(Average Packet Delivery Ratio,APDR)和平均端到端延时(Average End-to-End Delay,AE2ED)两个评价指标。

(1)平均数据包到达率(APDR):是指全网成功到达目的节点的数据包个数和全网所有发送出去的数据包个数之比(占比表示),由式（3.6）计算可得。其中，n 和 m 分别表示发送方节点个数和接收方节点个数；$P_s(x)$ 表示节点 x 发送出去的数据包个数；$P_r(x)$ 表示节点 x 接收的数据包个数。

$$\text{APDR} = \frac{\sum_{j=1}^{m} P_r(j)}{\sum_{i=1}^{n} P_s(i)} \times 100\% \tag{3.6}$$

（2）平均端到端延时（AE2ED）：是指全网成功到达目的节点的数据包的端到端的延时总和除以成功到达目的节点的数据包个数，由式（3.7）计算可得。其中，$T_r^j(x)$ 表示节点 x 收到的第 j 个数据包的时间；$T_s^j(x)$ 表示节点 x 发送第 j 个数据包的时间。

$$\text{AE2ED} = \frac{\sum_{j=1}^{m} \sum_{i=1}^{P_r(j)} [T_r^j(i) - T_s^j(i)]}{\sum_{j=1}^{m} P_r(j)} \tag{3.7}$$

3.4.3 仿真环境

1. 仿真平台

为了模拟 VANET 环境，采用集成 OMNeT++（v5.5.1）、INET Framework（v4.1.1）、SUMO（v1.2.0）以及 Veins（v5.0）的综合仿真平台，其架构如图 2-16 所示。在第 2.4 节中已做详细介绍，在此不再赘述。

2. 仿真场景

为了评价自私节点对 VANET 性能的影响，仿真场景采用了典型的交叉路口路网，如图 3-13 所示。由于交叉路口是交通路网的最基本的组成模式，所以本节部署的仿真场景很容易扩展成更复杂的路网。另外，简单的交叉路口仿真场景已经具备了 VANET 移动模型的基本特征，从而满足本轮仿真试验的要求。

如图 3-13（a）所示，仿真路网由 4 条单向车道、6 条双向车道和一个交叉口组成。在此之上，部署了 5 条环形行车路线，如图 3-13（b）所示。VANET 中的车辆按已部署的行车路线行驶，无碰撞，无瞬间切换路段（teleport）。5 条行车路线如下：

路线#1：(1)→(17)→(16)→(2)→(1)；
路线#2：(12)→(17)→(11)→(7)→(12)；
路线#3：(4)→(3)→(10)→(18)→(4)；
路线#4：(14)→(6)→(13)→(18)→(14)；
路线#5：(14)→(6)→(7)→(12)→(17)→(18)→(14)。

每个车辆节点从行车路线的起点出发，每条路线上每隔 5 s 产生一个新的车辆。换句话说，每条路线的车辆注入频率为 0.2 辆/s。为了确保网络通信正常工作，所有车辆注入完毕后，开始执行 UDP 应用程序。本节仿真中，每条路线的最大车辆数为 8，UDP 应用程序开始时间设置为 60 s（仿真开始执行后 60 s 的时间点），从而确保在系统稳定之后开始测试，以避免产生异常数据。

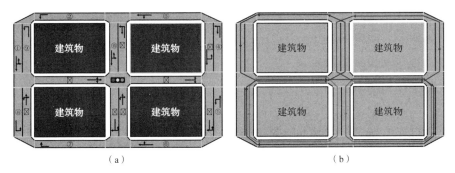

图 3-13 仿真场景的路网及行车路线图

(a) 路网图；(b) 行车路线图

3. 仿真参数

VANET 车辆及仿真场景的主要参数如表 3-4 和表 3-5 所示。每轮仿真执行时间为 1 200 s，场景约束区域为 200 m×1 000 m 的矩形区域，节点移动模型为由 SUMO 产生的车辆移动模型。根据 IEEE 802.11p 协议标准[96]，节点最大传输范围被设置为 1 000 m，比特率为 6 Mbit/s。路由协议采用无线通信网络中应用最广泛的 AODV 路由协议。

表 3-4　VANET 车辆参数

参数	值
Length	5.0 m
Width	1.8 m
Height	1.5 m
Acceleration	2.6 m/s^2
Deceleration	4.5 m/s^2
Max speed	13.8 m/s（约 50 km/h）
Min gap	2 Mbit/s
sigma	IdealWirelessNic

表 3-5　VANE 场景参数

参数	值
Simulation time	1 200 s
Simulation area	200 m × 1 000 m
Number of vehicles	up to 40
Transmission range	1 000 m
Mobility	stationary, vehicular mobility
Node speed	0 ~ 13.8 m/s
Packet size	100 B
Packet rate	1 pkt/s
Routing protocol	AODV
AODV TTL	2 ~ 7
Bit rate	6 Mbit/s
NIC	IEEE 802.11p
Radio propagation model	Constant speed propagation
Radio path loss type	Nakagami fading

3.4.4 试验结果

为了量化评价自私节点对 VANET 性能的影响,从自私节点的移动性、密度、占比以及不同组合等方面,关于静态和动态自私节点对 VANET 性能的影响进行仿真试验。每组仿真以不同的随机种子执行 50 次,取其平均值,试验结果图中的误差条表示 95% 的置信区间。

1. 节点的移动性对 VANET 性能的影响

第 3.3 节讨论了节点的移动性对 MANET 性能的影响。相比于 MANET,VANET 节点的移动性更具有组织性和可预知性。为了评估车辆节点的移动性对 VANET 性能的影响,进行如下仿真试验。

该仿真试验对比了两种移动模式——单路线移动模式和多路线移动模式,3 种节点类型——without – Selfish、with – Static – Selfish 以及 with – Dynamic – Selfish。在单路线移动模式中,所有车辆沿着同一条路线行驶。在本轮仿真中,10 个车辆节点沿着路线#5 循环行驶。在多路线移动模式中,10 个车辆节点均匀分布在 5 条路线上行驶,即每条路线上有 2 个车辆节点。without – Selfish 类型是指所有节点均为协作性节点;with – Static – Selfish 类型是指所有节点均为静态自私节点;with – Dynamic – Selfish 类型是指所有节点均为动态自私节点。仿真结果如图 3 – 14 所示。

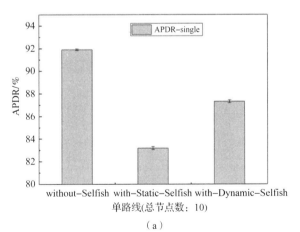

(a)

图 3 – 14 节点的移动性对 VANET 性能的影响

(a) 单路线平均数据包到达率

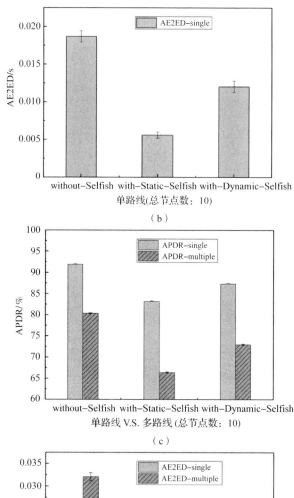

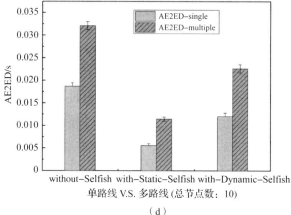

图 3-14 节点的移动性对 VANET 性能的影响（续）

(b) 单路线平均端到端延时;(c) 单路线 V.S. 多路线（平均数据包到达率）;
(d) 单路线 V.S. 多路线（平均端到端延时）

从图 3-14（a）看出，without-Selfish 的平均数据包到达率最高，因为网络中的所有节点参与协作通信，提高了数据包的传输效率。with-Static-Selfish 的平均数据包到达率最低，因为所有节点都是静态自私节点，导致网络中唯一有效的通信方式就是点对点的单跳通信方式，使网络通信效率降低。with-Dynamic-Selfish 的平均数据包到达率位于中间，其原因是动态自私节点是由均匀分布概率决定的［参见式（3.1）］，因此部分数据包可能被转发。

从图 3-14（b）看出，with-Static-Selfish 的平均端到端延时最小，其原因可由式（3.7）解释。首先，平均端到端延时是指成功到达目的节点的数据包传输时间的平均值，因此只与成功到达的数据包数量有关。其次，在 with-Static-Selfish 情况下，所有成功到达目的节点的数据包都是通过单跳通信完成的，因此数据包传输时间较短。上述理由也可解释 without-Selfish 和 with-Dynamic-Selfish 的平均端到端延时比较大的原因。

在多路线移动模式中，10 个车辆节点同时行驶在预定义的 5 条路线上，每条路线上有 2 个车辆节点。试验结果如图 3-14（c）和图 3-14（d）所示。从试验结果看出，单路线移动模式的平均数据包到达率明显高于多路线移动模式。因为在单路线移动模式下车辆节点容易形成编队拓扑结构，车辆间的相互距离较小，因此平均数据包到达率较高。然而，多路线移动模式的平均端到端延时比单路线移动模式大，因为在多路线移动模式下，随机选择的目的节点很可能是在其他路线上行驶的车辆，此时路由协议将花费更长的时间找到能够到达目的节点的有效路径，从而使平均端到端延时变长。相反，在单路线移动模式下，车辆间相互距离小，很可能通过点对点直接通信就能把数据包传送至目的节点，即使目的节点不在源节点的通信范围内，也可能找到能够转发数据包的中继节点完成有效通信，因此单路线移动模式的平均端到端延时较小。

2. 自私节点的密度对 VANET 性能的影响

类似 MANET 中定义的节点密度，VANET 中的节点密度也可定义为车辆节点的总数，因为试验场景被约束在固定的范围内。为了测试不同节点密度对 VANET 性能的影响，进行如下仿真试验。

每条路线上部署的车辆节点数从 1 递增至 8（递增步长为 1），即全网节点数从 5 递增至 40（递增步长为 5）。在 without – Selfish、with – Static – Selfish 以及 with – Dynamic – Selfish 3 种情况下，对比了平均数据包到达率和平均端到端延时。试验结果如图 3 – 15 所示。当节点密度为 5（总节点数为 5）时，VANET 的平均数据包到达率最高。其原因是，UDP 应用程序确定目的节点时，从全网节点中随机选择一个节点作为目的节点，因此可

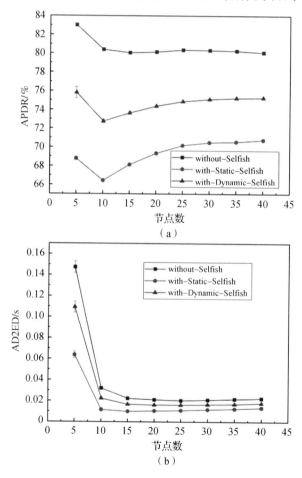

图 3 – 15　自私节点的密度对 VANET 性能的影响

(a) 平均数据包到达率；(b) 平均端到端延时

能选择自身为目的节点的概率为20%，全网节点数越少，选择自身为目的节点的概率越高。然而，当节点密度为5时，平均端到端延时最大，因为这5个节点分布在不同的路线上行驶，相互距离较大，路由策略耗时长。随后，随着网络中节点总数的增加，3种情况下的平均数据包到达率均显现上升趋势，其主要原因是随着节点密度的提升，相同路线上行驶的车辆节点数增多，数据传输成功率变高。另外，随着节点密度的增加，车辆节点在交叉路口相遇的概率增高，有助于数据转发，提升通信效率。在 with - Dynamic - Selfish 情况下，网络通信性能几乎为 without - Selfish 和 with - Static - Selfish 的平均值，这是因为本节定义的动态自私节点以50%的概率转发或丢弃数据包。

高密度网络节点为数据转发提供更多的建立有效路由路径的可能，提高通信效率。动态自私节点对网络性能有负面影响，降低了通信性能。静态自私节点对网络性能的负面影响更加明显。

3. 自私节点的占比对 VANET 性能的影响

VANET 的性能主要依靠多跳通信。其中，中继节点的协作起着关键作用。为了评估不同自私节点占比（总节点中自私节点的比例）对 VANET 性能的影响，进行如下仿真试验。

试验场景中部署了40个车辆节点。其中，自私节点的占比从0%递增至100%（递增步长为10%）。试验中的自私节点在仿真运行前随机确定。事实上，在相同的自私节点占比下，不同的自私节点组合也会导致性能差距。自私节点的不同组合对网络性能的影响将在下一小节进行详细对比。

从试验结果（图3-16）可以看出，静态或动态自私节点网络的通信性能均有下降趋势，无论平均数据包到达率还是平均端到端延时都明显下降（减小）。自私节点占比为0%意味着网络中无自私节点，因此自私节点占比为0%时，静态和动态自私节点网络的试验结果相同。静态自私节点网络的平均数据包到达率从80.1%下降到70.7%，平均端到端延时从0.222 s 减小至0.013 秒。动态自私节点网络的平均数据包到达率从80.1%下降到75.3%，平均端到端延时从0.222 s 减小至0.017 s。以上数据说明,几乎 10%(80.1%~70.7%)的数据包传输是依靠数据转发完成的,几乎 5%(75.3%~70.7%)的数据传输是依靠动态自私节点表现出协作性而转发完成的。

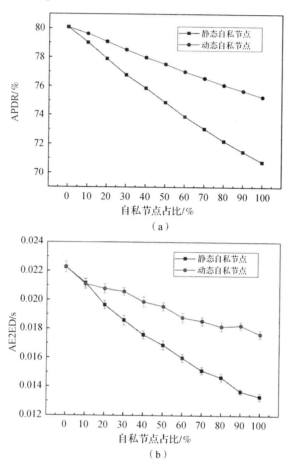

图 3-16 自私节点占比对 VANET 性能的影响

(a)平均数据包到达率;(b)平均端到端延时

4. 自私节点的不同组合对 VANET 性能的影响

VANET 中每个节点的位置、速度和周围节点布局等特征都各不相同,并且这些特征在动态实时变化。自私节点的不同组合意味着不同位置、速度和周围节点布局的组合。为了进一步研究,在自私节点占比相同的情况下不同组合的自私节点对 VANET 性能的影响,进行如下仿真试验。网络中部署了 5 个车辆节点,它们均行驶在相同的路线(随机选取了路线#5)上,从中选取 2 个节点作为自私节点(自私节点占比:40%)。选取自私节点的所有可能组合有如下 10 种:(0,1),(0,2),(0,3),(0,4),(1,2),(1,3),(1,4),(2,3),(2,4)和(3,4)。其中(i,j)表示本次仿真试验中,标号为 i 和 j 的两个车辆节点被设置为自私节点。在 without – Selfish、without – Static – Selfish 以及 without – Dynamic – Selfish 3 种情况下,对比了平均数据包到达率和平均端到端延时。

试验结果如图 3 – 17 所示。从试验结果看出,无论静态还是动态自私

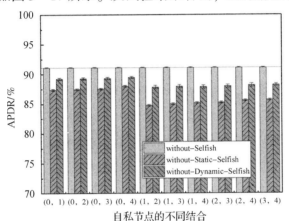

图 3 – 17 自私节点的不同组合对 VANET 性能的影响

(a) 平均数据包到达率;(b) 平均端到端延时

节点，其不同组合对网络性能的影响也不同。例如，对于（1,2）自私节点时，with-Static-Selfish 的平均数据包到达率最低（84.7%），然而对于（0,4）自私节点，其平均数据包到达率达到最高值（87.9%）。对于平均端到端延时也是如此。

自私节点的不同组合对网络性能的影响不同，说明每个节点对整体网络的贡献不同。可以总结为，节点的移动性不同、节点的位置不同、节点的邻居节点集不同，对整体网络的作用也不同。

3.5 本章小结

本章基于仿真试验，从多个角度量化分析了自私节点对网络性能的影响。此外，提出了静态自私节点、动态自私节点以及基于能耗的动态自私节点等新的定义和分类。

首先，针对一般化的 MANET，分析了自私节点对网络通信性能的影响。根据自私和非自私节点的能耗对比结果，将节点的自私性与节点的剩余能量关联，定义了基于能耗的自私节点。从节点的移动模型、密度、占比以及不同组合等角度，分析了基于能耗的自私节点对 MANET 的平均丢包率、平均往返延时以及平均吞吐量等性能指标的影响。仿真结果表明节点的移动性和占比对 MANET 性能的影响最为显著。自私节点的不同组合间接地反映了其移动性、占比以及密度等特性对网络性能的综合影响。相比于基于能耗的动态自私节点，静态自私节点对网络性能的影响更为显著。然而，基于能耗的动态自私节点的自私性高度依赖所设定的自私性阈值。设定的自私性阈值小，全网静态自私节点密度变高；设定的自私性阈值大，全网静态自私节点密度变低。自私性阈值设定为多少更贴近现实，是需要进一步深入讨论和挖掘的问题。

其次，针对更具体的 VANET，分析了自私节点对网络性能的影响。VANET 虽然是 MANET 的衍生物，但它有其自身的独特性。在单路线和多路线两种移动模式下，对自私节点如何影响 VANET 性能进行量化分析。

相比于多路线移动模式，在单路线移动模式下，网络性能更容易受到自私节点的影响。交叉路口等车辆节点分布密集时，平均端到端延时更容易受到自私节点的影响。由于自私节点的不协作性，无论静态还是动态自私节点均严重降低 VANET 的数据包到达率和端到端数据传输速度。

只有对节点的移动性、密度、占比和不同组合等特征进行综合考量，才能更准确地、更公平地评价和分析自私节点对网络性能的影响。在车联网中，节点的移动速度快，拓扑结构动态变化，导致无线链路不稳定，容易降低数据包到达率。因此，在车联网中，对自私节点进行公平的评价时，无线链路质量的合理评估是解决问题的关键。

下一章将讨论车联网通信中考虑链路质量的自私节点检测方法。

第4章 车联网通信中自私节点的检测方法

随着智能交通应用的不断涌现,车辆节点间的协同通信和协同计算成为学术界和工业界的关注热点。然而,自私节点因其不协作性,导致数据包达到率降低、端到端延时增大、通信带宽利用率低下等问题。在车联网中有效解决以上问题,自私节点的检测机制是关键。本章的主要内容如下:首先,从 MAC 层和网络层,对车辆节点的数据传输行为进行自私性评估;其次,基于模糊逻辑理论,对节点的自私性评估值、无线链路质量、移动稳定性进行综合评估;最后,利用感知机制,对综合评估结果进行概率性优化,从而最终确定该节点是否为自私节点。

4.1 引言

在协同智能交通领域中,车联网起着关键作用,它可确保各类智能交通应用的有效运行,包括安全类应用和非安全类应用。协同通信是车联网及未来交通的重要信息交换和共享技术。根据协同通信的定义[97](协同通信指的是节点通过监听和处理周围节点的信息,并将该信息向目的节点转发,实现通信的空间多样化)可知,协作通信主要依赖多跳通信方式保障有效的数据传输。

车联网的车-万物通信模式可部署在城市交通路网和高速交通路网场景中,并且数据包转发是车联网通信的根本任务。换言之,中继节点协助其他节点转发数据包是保障车联网通信的有效性和高效性的基础。然而,在无线网络中,通信是最为耗能的操作。在无线网络中,在 10~100 m 的距离发送一个比特数据所消耗的能量相当于几千到几百万次算术运算消耗的能量(称作 R4 信号能量落差[98])。因此,无线网络中的移动节点为了节省自身有限的资源,故意丢弃数据包,表现出自私性。这种节点的自私行为将导致车联网通信性能急剧下降。有效地检测和识别自私节点是对其自私行为做出相应决策(惩罚或激励)的基础。

根据第 3.2 节的介绍,本书把自私节点分为 4 类(表 3-1)。其中,type-2 型动态自私节点最接近现实,并且是最难检测的自私节点类型。另外,在车联网环境中,节点的移动速度快、拓扑结构动态变化、无线通信链路不稳定等特征使自私节点的隐蔽性更强,给检测带来巨大的干扰。显然,在车联网环境中,对 type-2 型动态自私节点进行有效检测是一项具有挑战性的研究课题。

本章提出的自私节点检测机制利用模糊逻辑理论,对节点的移动性、链路质量以及 MAC 层和网络层的行为特征进行了综合评判,实现了不依赖基础设施的分布式检测方案。

在本节中,"车辆"和"节点"被视为可互换使用的相同术语。

4.2 相关研究

近年,很多文献在无线移动节点的异常行为检测方面进行了大量的研究[12,14,18,99-101],大体可分为基于监视机制、基于确认信息以及基于机器学习 3 类检测方法。

4.2.1 基于监视的检测方法

基于监视的检测方法也称为基于看门狗的检测方法(watch-dog based

detection method）。它是在协议层上利用节点行为模式检测的方法。研究结果表明，基于监视的检测方法适合检测无线节点的异常行为，包括自私行为。

早期，MARTI 等人[14]提出了检测 DSR 路由中节点的异常行为的方法。该方法包括两个模块，分别是 watchdog 和 pathrater。watchdog 通过维护每个节点的评级来检测节点的异常行为，而 pathrater 通过选取平均评级最高的路径来避开异常行为节点，从而提高路由效率。BUCHEGGER 等人[15]也在 DSR 路由协议之上提出了称为 CONFIDANT 的检测方法，该方法集成了监视、信任管理、信誉系统以及路径管理等功能。该方法的主要目的是，通过对异常行为节点的惩罚，将其隔离出网络。CONFIDANT 检测方法假设网络中的所有节点都是可靠的，未考虑身份认证。SERRAT–OLMOS 等人[16]提出了基于贝叶斯监视的协作方法来检测 MANET 中的黑洞攻击①和自私行为。首先，每个监视节点监听网络状态以获取邻居节点的直接信息（一手信息），从而检测黑洞攻击。然后，通过周期性获取邻居节点的信誉值作为间接信息（二手信息），结合直接信息和间接信息评估节点行为，最终判定该节点是否为自私节点。HERNANDEZ–ORALLO 等人[17]提出了称为 CoCoWa 的基于协作性接触的监视性检测方法。在该方法中，监视节点检测到自私节点后，等待接触其他节点的时机。当接触到其他节点时，将检测结果传送给它，从而提升了检测速度。BOUALOUACHE 等人[18]在车联网环境中开发了基于 SDN 的上下文感知的节点异常行为检测系统。在该检测系统中，监视车辆节点对邻居节点进行监视，并将监视报告发送给 SDN 控制器。本地 SDN 控制器监视所有集群成员，并计算其信任级别，将其发送给区域 SDN 控制器。区域 SDN 控制器汇总所有车辆节点的信任值，将最终报告发送给全局 SDN 控制器，以上过程周期性重复执行。然而，该系统高度依赖集中式的、高可靠性的权威机构。

---

① 黑洞攻击是一种攻击类型，节点试图通过吸引网络中的所有流量来中断其与邻居的通信，然后丢弃所有收到的数据包，而不将它们转发到最终目的节点。

基于监视的检测方法的主要缺点是在接收端发生传输碰撞、数据包部分丢失或传输功率有限的情况下会产生高误检率[19]。

4.2.2 基于确认信息的检测方法

基于确认信息的检测方法利用类似 MAC 层或 TCP 层的 ACK 报文的特殊确认信息数据包,检测路由路径上的下一跳节点的行为,断定下一跳节点是否为自私节点。

BALAKRISHNAN 等人[22]为了检测 MANET 环境中的异常行为节点,基于网络层的 ACK 机制提出了 TWOACK 和 S – TWOACK 检测方法。该方法只适用于源路由协议。TWOACK 是类似 MAC 和 TCP 协议层的 ACK 包。其主要区别是,TWOACK 是来自路由路径上两跳距离的 ACK,而非来自下一跳节点。S – TWOACK 是为了减小因大量的 TWOACK 包产生的路由开销而改进的检测方法。虽然该方法提升了整体网络性能和数据包到达率,但是检测结果具有较高的假阳性检测率。SAYYAR 等人[23]在 MANET 环境下,基于 AODV 路由协议进一步改进了 TWOACK 检测方法。为了降低假阳性检测率,发送方节点若未收到 TWOACK 包,则执行重发。若 3 次尝试重发仍未收到 TWOACK 包,则发送方节点反向发送错误信息包,表明该路径上存在自私节点。但是这种不考虑链路质量,只是简单 3 次尝试重发来判断节点自私性的方法仍然是不公平、不充足的。

4.2.3 基于机器学习的检测方法

基于机器学习的检测方法是借助机器学习方法对节点的行为特征进行学习和训练,确定学习模型后,对未知行为特性的节点进行识别和分类。

BUCZAK 等人[102]在相关文献中综述了比较普遍采用的几种机器学习和数据挖掘技术如何应用于检测网络攻击。然而,他们的工作主要集中在有线网络中的入侵检测。GUO 等人[103]提出了一种上下文感知信任管理模型来评估车辆接收到的消息的可信度，以确保虚假信息不会影响车辆网络中的驾驶决策过程。他们将事件发生的时间和地点作为事件的上下文信息，提出了一种基于信息熵的计算方法，同时考虑了事件的内部信息和外部信息。SHARMA 等人[26]在车联网环境中提出了基于监督学习、以数据为中心的异常行为检测模型。该模型在综合考虑车联网的动态性和不确定性的基础上，对位置伪造攻击进行定期检测。然而该模型只考虑了位置造假，未考虑节点的自私性。XING 等人[27]为了进行车联网中的入侵检测，提出了基于信任评价的检测方法。该方法采用了非监督学习的 Q‑学习模型来激励车辆报告检测数据。MATOUSEK 等人[28]提出了基于机器学习的在车联网中检测驾驶行为的模型。该模型集成了 k‑NN、SVM 和 iForest 等机器学习算法。仿真结果显示，该模型具有检测率稳定且假阳性检测率较低的特点。虽然机器学习方法能基于大量的历史数据的训练有效地对节点行为进行分类，但是在车联网环境中获取数据精度不高，数据量不足，模型收敛缓慢。

本章结合 MAC 层和网络层上基于监视的检测方法和基于模糊逻辑的对车辆节点的特性综合评价方法，在车联网通信环境中提出了基于模糊逻辑的自私节点检测方法。

4.3 模糊逻辑控制

几十年以来，模糊逻辑的理论和应用研究已取得了丰硕的成果。尤其随着模糊逻辑在自动控制领域的深入应用，模糊控制理论和方法的研究受到了学术界和工业界的广泛关注。在模糊逻辑理论方面，以 ZADEH L[104]提出的扩张原则和分解定理为基础的模糊数学理论已有大量的成果问世。模糊逻辑在工业生产过程控制、机器人、交通运输等方面得到了广泛的应用。因为本章提出的检测方法使用了模糊逻辑控制理论，所以在此做如下简要介绍，以便阐述本章提出的检测方法。

4.3.1 模糊逻辑控制系统

相比于传统（经典）逻辑系统，模糊逻辑控制系统更接近人类思维和自然语言。本质上，模糊逻辑控制系统给人们提供了一种捕捉真实世界的不精确和近似性特征的方法。因此，模糊逻辑控制器（Fuzzy Logic Controller，FLC）的核心是将基于专家知识的语言控制策略转化为自动控制策略。

一般来说，模糊逻辑控制系统由4个基本部分组成（图4-1）：输入端的模糊化单元、模糊控制规则库、推理引擎以及输出端的清晰化单元。

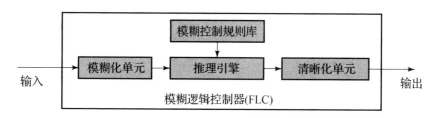

图4-1 模糊逻辑控制系统的总体结构

1. 模糊化单元

模糊化（fuzzification）是将系统的输入数值分配给具有某种隶属度的模糊集的过程。这个隶属度可以是区间 [0，1] 内的任何值。如果它是0，则该值不属于给定的模糊集；如果它是1，则该值完全属于模糊集。0~1 的任何值表示该值属于集合的不确定性程度。这些模糊集通常用自然语言描述。因此，通过将系统输入分配给模糊集，可以用自然语言的方式进行推理[105]。常用模糊化方法有：三角模糊化（Triangular Fuzzy Sets）、梯形模糊化（Trapezoidal Fuzzy Sets）、高斯模糊化（Gaussian Fuzzy Sets）、幂函数模糊化（Power Function Fuzzy Sets）以及指数函数模糊化（Exponential Function Fuzzy Sets）等。

三角模糊化是一种简单的模糊化方法，它使用三角形表示模糊集合。

一个三角模糊集合由3个参数定义：左边界、峰值和右边界。这种模糊化方法适用于某些特定的问题和情况。

梯形模糊化类似三角模糊化，但使用梯形表示模糊集合。梯形模糊集合由4个参数定义：左边界、上升斜率、下降斜率和右边界。它可以更好地适应一些不规则的模糊集合形状。

高斯模糊化使用高斯曲线表示模糊集合。高斯曲线是一个钟形曲线，由均值和标准差定义。这种模糊化方法在一些问题中能够提供更加平滑和连续的模糊集合形状。

幂函数模糊化使用幂函数表示模糊集合。幂函数由幂指数和左边界或右边界定义。这种模糊化方法能够处理一些非对称的模糊集合。

指数函数模糊化使用指数函数表示模糊集合。指数函数由指数和左边界或右边界定义。这种模糊化方法也可以处理一些非对称的模糊集合。

2. 模糊控制规则库

模糊控制规则库存储领域专家操作过程的经验知识。模糊控制规则库一般建立在用语言变量描述的输入变量模糊集合之上，并基于专家知识和经验，制定模糊变量之间的推理规则。模糊控制规则是人类行为和进行决策分析过程的最自然的描述方式，因此通常采用"IF – THEN"形式的模糊条件句。"IF – THEN"方法的具体形式为：如果 x 是 A 并且 y 是 B，则 z 是 C。

3. 推理引擎

推理引擎是模糊逻辑控制系统的核心，它能够通过执行近似推理来模拟人类的决策，从而实现理想的控制策略。它基于模糊控制规则库，将模糊的输入值转换为模糊的输出值。推理引擎使用模糊逻辑运算和模糊规则，根据输入变量的模糊集合和模糊控制规则库中的模糊规则进行推理和决策，从而产生模糊的输出结果。当多个规则同时满足条件时，通常采用 Min – Max 方法确定最终决策规则[106]。

4. 清晰化单元

清晰化（defuzzification）也叫作解模糊化，在某种意义上是模糊化的相反过程：它将模糊控制规则库产生的模糊项转换为数值，然后将其发送给被控制系统，从而实现对被控制系统的控制。常用的清晰化方法有：面积中心法（Center of Area，COA）、扩展面积中心法（Extended Center of Area，ECOA）、重心法（Center of Gravity，COG）、ICOG（Indexed Center of Gravity）、适应积分法（Adaptive Integration，AI）、基本非模糊化分布函数法（Basic Defuzzification Distributions，BADD）、面积评分法（Bisector of Area，BOA）、拘束决策清晰化（Constraint Decision Defuzzification，CDD）、延伸量法（Extended Quality Method，EQM）、模糊群集清晰化（Fuzzy Clustering Defuzzification）、模糊平均法（Fuzzy Mean）、第一个最大隶属度值法（First of Maxima）、广义水平集清晰化（Generalized Level Set Defuzzification）、影响值法（Influence Value）、最后一个最大隶属度值法（Last of Maxima，LOM）、平均最大隶属度值法（Mean of Maxima，MeOM）、中间最大隶属度值法（Mean of Maxima，MOM）、品质法（Quality Method，QM）、随机选择最大隶属度值法（Random Choice of Maxima，RCOM）、半线性清晰化（Semi-Linear Defuzzification，SLIDE）、加权模糊均值法（Weighted Fuzzy Mean，WFM）等。

4.3.2 模糊逻辑控制的优、缺点

虽然模糊逻辑在控制领域得到了广泛的应用，但是它与几乎所有架构和方法一样，也有优、缺点。

1. 优点

模糊逻辑控制的主要优点如下。

（1）模糊逻辑控制对输入数据的精确性要求不高，擅长处理不精确、不确定性问题。

（2）模糊逻辑控制为无法建立或很难建立精确数学模型的复杂问题提

供解决方案。

（3）模糊逻辑控制比 PID 控制更具有鲁棒性，因为它能够覆盖的操作条件更广。

（4）模糊逻辑控制具有灵活性，通过调整隶属函数和模糊控制规则，可使它适应特定的场景。

（5）模糊逻辑应用于控制系统时，往往效率更高。

（6）很多情况下，模糊逻辑控制系统相比于传统的经典控制系统更稳定。

2. 缺点

模糊逻辑控制的主要缺点如下。

（1）模糊逻辑控制需要周期性地更新算法或机制。

（2）模糊逻辑控制高度依赖人类的专业知识和经验。

（3）模糊逻辑控制需要大量的试验验证。

4.4　基于模糊逻辑的自私节点检测方法

针对节点移动速度快、节点间的无线链路不稳定等车联网固有特性导致的自私节点隐蔽性强、不容易被检测到等问题，本章提出了基于模糊逻辑的自私节点检测方法。首先，依据节点在 MAC 层和网络层上的数据传输行为，进行自私性评估。其次，为了提高检测结果的公平性（降低误检率），利用模糊逻辑综合考虑节点的移动稳定性和链路质量等容易导致非主观丢包的因素，判定节点的自私性。最后，借助感知机制，对自私性决策结果进行概率性优化。本书提出的基于模糊逻辑的自私节点检测方法主要包括以下 5 个功能模块：MAC 层监视模块、网络层检测模块、综合评级模块、感知（perception）模块以及模糊逻辑决策模块。基于模糊逻辑的检测系统框架结构如图 4-2 所示。下面对每个功能模块进行具体介绍。

第4章 车联网通信中自私节点的检测方法

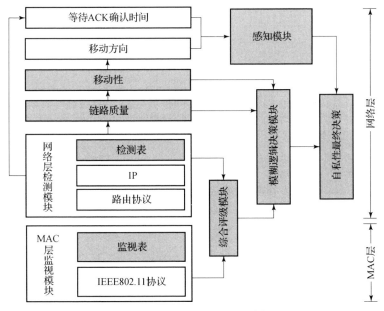

图4-2 基于模糊逻辑的检测系统框架结构

4.4.1 MAC层监视模块

为了在 MAC 层上检测节点的收发数据包行为，系统设计了 MAC 层监视模块。网络中的每个监视节点都需要获取其邻居节点的行为信息，而看门狗（监视器）是一种专门处理此类任务的有效机制。该模块通过监听通信范围内的节点（邻居节点）在 MAC 层上收发帧数，并根据式（4.1）计算自私性评估分值。式（4.1）中，$MLS(x)$ 表示节点 x 的 MAC 层自私性评估值；$F_Y(x,y)$ 表示节点 y 观察到节点 x 转发的帧数；$F_X(x,y)$ 表示节点 y 观察到节点 x 本应该转发的帧数；N 表示监视节点的邻居节点集；n 等于 N 的元素个数加一，因为计算平均值时包括监视节点本身。计算 $MLS(x)$ 所需数据通过节点间交换 hello 消息来收集和周期性更新，并将实时结果存储在 MAC 层的监视表（WatchingTable）中。

$$\mathrm{MLS}(x) = \frac{1}{n}\sum_{y \in N}\left[1 - \frac{F_Y(x,y)}{F_X(x,y)}\right] \qquad (4.1)$$

从监视节点的视角观察，如果被监视节点转发了所有应该转发的帧，那么该节点的自私性评估值为0；相反，如果被监视节点一次都没转发本应转发的帧，那么该节点的自私性评估值为1。如果来自所有监视节点的自私性评估值的平均值超出预先定义的自私性阈值，则该节点被标记为自私节点。MAC层平均自私性评估值（MLS）的计算及更新过程如算法4.1所示。

```
算法4.1  MLS的计算及更新过程

1：   Initialize (int stage)                    //初始化参数
2：   repeat
3：      if msg. kind == SELF then              //周期性事件
4：         Calculate_MLS(msg)                  //计算 MLS
5：      else
6：         执行路由操作
7：      endif
8：   until 无事件发生
9：   finish ( )                                //记录统计变量值
10：  function Calculate_MLS(msg)
11：     iter←WatchingTable. begin( )
12：     while iter != WatchingTable. end( ) do
13：        fx←FY(x, y)                         //累计重发帧数
14：        fy←FX(x, y)                         //累计已发帧数
15：        iter ++
16：     end while
17：     MLS←MLS(fx, fy)
18：     ScheduleAt(msg, now + interval)        // interval 秒后重新调度
19：     return 0
20：  end function
```

为了更清楚地说明MAC层监视模块的功能，以典型的车辆编队为场景，进行如下仿真试验。车辆编队仿真场景示意如图4-3所示，设置了4个车辆节点，虚线圆形表示节点的通信范围。车辆编队仿真参数如表4-1所示。

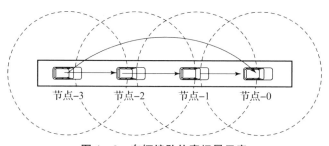

图4-3 车辆编队仿真场景示意

表4-1 车辆编队仿真参数

参数	值
Topology	50 km straight highway
Discrete event simulator	OMNeT++ 5.5.1
Traffic network simulator	SUMO 1.2.0
Vehicular network simulator	Veins 5.0
Simulation time	800 s
Number of nodes	4
MAC	IEEE 802.11p
UDP packet size	100 B
UDP packet rate	1 pkt/s
Selfishness threshold	80%
WatchingTable update interval	1 s (for MAC layer monitoring)
DetectingTable update interval	1 s (for network layer detection)

节点-3周期性地发送UDP数据包给节点-0。但是,节点-0不在节点-3的无线通信范围内,需要借助节点-1和节点-2的转发,才能把UDP数据包传输至节点-0。仿真中的自私节点为type-2型动态自私节点[参见式(3.1)],自私性阈值被设置为80%。表4-2对比了不同节点为自私节点时,各节点的自私性评估值。表中的结果是以不同的随机种子进行了20次仿真的平均值。为了使每次仿真试验中数据转发模式相同,每次仿真中车辆之间的相对距离被设置为相同的常量。结果中的"N/A"表示"不适用"。因为节点-3是发送者,没有机会为其他节点转发数据,所以无法断定其自私性。

表4-2 车辆编队场景MAC层仿真试验结果

动态自私节点	节点-0	节点-1	节点-2	节点-3
节点-0	1	0	0	N/A
节点-1	1	0.798 1	0	N/A

续表

动态自私节点	节点-0	节点-1	节点-2	节点-3
节点-2	1	0	0.792 7	N/A
节点-3	1	0	0	N/A
节点-1和节点-2	1	0.837 1	0.791 7	N/A

从结果看出，5种不同的自私节点组合中，当中继节点（节点-1和节点-2）为自私节点时，MAC层监视模块给出的自私性评估值约等于预设自私性阈值（80%）。然而，接收方节点（节点-0）为自私节点时，MAC层监视模块无法判断其自私性（自私性评估值为1）。因为节点-0为目的节点，所以无须转发任何帧。但是，MAC层协议又无法判断数据包是否到达了目的节点，因为目的节点是由目的IP地址确定的。因此，需要网络层进行进一步检测和判断。

4.4.2 网络层检测模块

为了解决MAC层监视模块无法检测目的节点自私性的问题，引入网络层检测模块。网络层检测模块利用AODV路由协议的hello消息，实现节点间信息共享，从而达到分布式协同。AODV路由协议是一种按需路由协议，其具有通信开销小、占用内存少以及带宽利用率高等特点，故在无线自组网中广泛应用。AODV路由协议通过周期性广播hello消息，维护路由表中的有效路径。

本系统中，每个节点都有一个动态二维数组，本书称它为检测表（DetectingTable）。网络层检测模块通过IP获取每个该节点所发的IP包信息，包括IP包ID、源地址、目的地址、下一跳地址、本地地址，并记录在检测表中。如果收到的IP包的"下一跳地址"与该节点的本地地址匹配，说明该IP包已经到达目的节点。网络层检测模块周期性地检查检测表，并将已经到达目的节点的IP包ID通过下一次hello消息广播到周围邻居节点，同时从检测表中删除相应记录。节点收到hello消息之后，获取已经到达目的节点的IP包ID，并检索本地检测表，若检测表中有"下一跳地址"与发送 hello 消息的节点 IP 匹配的记录,则将该类记录的"下一跳地址"替换为本节点的"本地地址"。网络层平均自私性评估值(NLS)的计算及更新过程如算法 4.2 所示。

```
算法 4.2  NLS 的计算及更新过程

 1:   Initialize (int stage)                    //初始化参数
 2:   repeat                                    //周期性事件
 3:      if msg.kind == SELF then
 4:         Calculate_NLS (msg)                 //计算 NLS
 5:      else
 6:         执行路由操作
 7:      endif
 8:   until 无事件发生
 9:   finish ()                                 //记录统计变量值
10:   function Calculate_NLS (msg)
11:      iter←DetectingTable.begin()
12:      while iter != DetectingTable.end() do
13:         sb←SB (x, y)                        //累计被堵塞数据包个数
14:         sx←SX (x, y)                        //累计已发数据包个数
15:         iter ++
16:      end while
17:      NLS←NLS (fx, fy)
18:      ScheduleAt(msg, now + interval)        // interval 秒后重新调度
19:      return 0
20:   end function
```

为了更清晰地说明网络层检测模块的运行过程,举一个简单示例,如图 4-4 所示,并假设场景为图 4-3。在第一轮(Round-0),假设节点-3 发送了 3 个 IP 包给节点-0,并且通过节点-1 和节点-2 的转发,3 个 IP 包已经成功到达目的节点。节点-0 的网络层检测模块发现检测表中有 3 条满足条件的记录("下一跳地址"等于"本地地址"),然后将这些记录的 ID 加入下一个 hello 消息广播至邻居节点,同时将其从检测表中删除。在第二轮(Round-1),节点-2 的网络层检测模块发现检测表中有 3 条满足条件的记录,执行同上操作。依此类推,在第四轮,所有节点的检测表清零,说明网络中无自私节点。显然,如果在某个中继节点的检测表中仍残留未被删除的记录,则说明与"下一跳地址"相

应的节点很可能是自私节点。

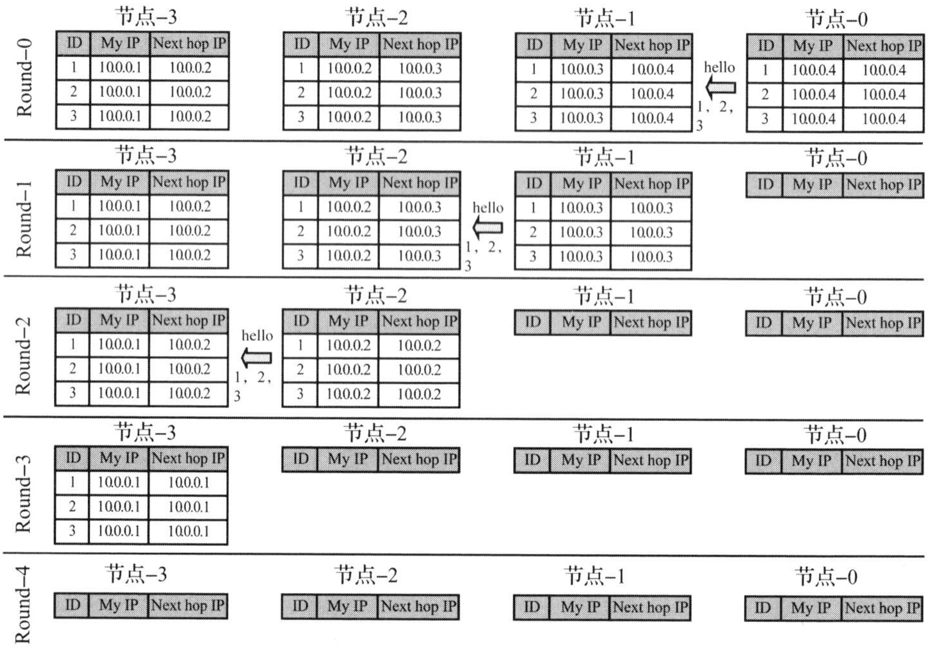

图 4-4 网络层检测模块运行示例

根据检测表中的数据,可以计算节点的网络层自私性评估值(NLS),其计算公式如下:

$$\text{NLS}(x) = \frac{1}{n} \sum_{y \in N} \left[\frac{S_B(x,y)}{S_X(x,y)} \right] \tag{4.2}$$

其中,$S_B(x,y)$ 表示从节点 y 的观察角度,节点 x 阻塞的 IP 包个数;$S_X(x,y)$ 表示从节点 y 的观察角度,节点 x 本应转发的 IP 包个数。

为了验证网络层检测模块的有效性,进行类似 MAC 层监视模块测试的仿真试验。仿真环境及其参数设置如表 4-1 所示。试验中,节点-3 周期性地发送 UDP 数据包给节点-0。由于节点-0 不在节点-3 的通信范围,因此数据包借助节点-2 和节点-1,以多跳通信方式将 UDP 数据包转发至节点-0。节点-1 和节点-2 起着中继节点的作用。试验结果如表 4-3 所示。

表4-3 车辆编队场景网络层仿真试验结果

动态自私节点	节点-0	节点-1	节点-2	节点-3
节点-0	0.003 7	0.008 5	0.010 5	N/A
节点-1	0.015 0	0.807 6	0.809 2	N/A
节点-2	0.013 8	0.014 5	0.796 5	N/A
节点-3	0.003 7	0.008 5	0.010 5	N/A
节点-1和节点-2	0.097 2	0.838 4	0.966 8	N/A

从试验结果看出，被MAC层监视模块判定为自私节点（MAC层自私性评估值为1）的UDP数据包目的节点（节点-0），被网络层检测模块判定为协作性节点（网络层的自私性评估值约等于0）。因此，网络层检测模块可以作为MAC层监视模块的功能性补充，解决MAC层监视模块误判目的节点为自私节点的问题。事实上，对于单纯的发送方节点或接收方节点来说，判断其是否为自私性节点是毫无意义的，因为在网络通信中，它们没有机会为其他节点转发数据包。但是，将它们判定为自私节点是不合理的，因为在复杂网络通信中，由于节点的移动性，不存在单纯的发送方节点或接收方节点。此外，试验结果中，当节点-1被设定为自私节点时，节点-2也被误检为自私节点，因为从节点-1阻塞（未转发）的IP包记录无法在节点-2中得到清除。这种网络层检测模块误检问题正是MAC层监视模块所能解决的问题。因此，考虑两个模块的互补性，本书提出了MAC层和网络层综合评估自私节点的方案——综合评级模块。

4.4.3 综合评级模块

无论MAC层监视模块还是网络层检测模块，都有各自的优、缺点，但是它们能够优势互补。表4-4对比了这两种模块的检测能力。表中，"√"表示具有成功检测能力，而"×"表示无相应的检测能力。从表4-4看出，MAC层监视模块能成功检测除目的节点之外的所有自私节点，而网络层检测模块虽然不能完全准确检测出中继节点的自私性，但是有能力成功检测目的节点的自私性。因此，本书采用 MAC 层监视和网络层检测结合的综合评级模式，如式（4.3）所示。

表 4-4　MAC 层监视模块和网络层检测模块的检测能力对比

动态自私节点	节点-0		节点-1		节点-2		节点-3	
	MAC 层	网络层	MAC 层	网络层	MAC 层	网络层	MAC 层	网络层
节点-0	√		√	√	√	√	N/A	N/A
节点-1	×	√	√	√	√	×	N/A	N/A
节点-2	×	√	√	√	√	√	N/A	N/A
节点-3	×	√	√	√	√	√	N/A	N/A
节点-1 和 节点-2	×	√	√	√	√	√	N/A	N/A

$$\mathrm{IS}(x) = \begin{cases} \mathrm{Net}(x), & (M:\mathrm{false}) \& (N:\mathrm{true}) \\ \mathrm{MAC}(x), & (M:\mathrm{false}) \& (N:\mathrm{false}) \\ \mathrm{MAC}(x), & (M:\mathrm{true}) \& (N:\mathrm{true}) \\ \mathrm{MAC}(x), & (M:\mathrm{true}) \& (N:\mathrm{false}) \end{cases} \quad (4.3)$$

式（4.3）中的 IS(x)，MAC(x)，Net(x) 分别代表节点 x 的综合评级评估值、MAC 层自私性评估值以及网络层自私性评估值。最终的 IS(·) 值将被作为模糊逻辑决策模块的一项输入值。计算综合评级评估值的过程如算法 4.3 所示。

算法 4.3　IS 的计算及更新过程
1： Initialize（int stage）　　　　　　　　　　　　//初始化参数
2： **repeat**　　　　　　　　　　　　　　　　　　//周期性事件
3：　　**if** !WT. empty( ) && !DT. empty( ) **then**
4：　　　　iter←WT. begin( )
5：　　　　**while** iter ! = WT. end( ) **do**
6：　　　　　　**if** WT. score <= Sth && DT. score > Sth **then**
7：　　　　　　　　IS. score←DT. score
8：　　　　　　**end if**
9：　　　　　　**if** WT. score <= Sth && DT. score <= Sth **then**
10：　　　　　　　IS. score←WT. score

续

算法 4.3 IS 的计算及更新过程
11：   end if
12：   if WT. score > Sth && DT. score > Sth **then**
13：   IS. score←WT. score
14：   end if
15：   if WT. score > Sth && DT. score <= Sth **then**
16：   IS. score←WT. score
17：   end if
18：   iter ++
19：   end while
20：   else if !WT. empty( ) **then**
21：   IS←WT
22：   else
23：   IS←DT
24：   end if
25： **until** 无事件发生

4.4.4 模糊逻辑决策模块

在车联网通信环境中，为了更公平（低误检率）、更准确（高检测率）地检测动态自私节点，本书综合考虑以下3个因素：综合评级评估值（Integration Score，IS）、移动性评估值（Mobility Score，MS）和链路质量评估值（Link Quality Score，LQS）。综合评级评估值已经在第4.4.3小节中详细介绍。以下，介绍移动性评估值和链路质量评估值的计算方法以及模糊逻辑决策过程。

1. 移动性评估值

车联网中的节点快速移动性是车联网区别于其他移动无线网络的主要特征，并且这一特征对通信网络的稳定性带来很大的影响。为了降低误检率，提高检测率，有效的自私节点检测方法需要考虑节点的移动性因素。相对于观测节点，车辆之间的相对移动性越稳定，越有可能被选为中间节点来承担转发任务。

假设每辆车都配备了GPS，可以实时获取当前的车速以及车辆位置。车辆节点通过相互交换hello消息，可以共享邻居节点的行驶速度以及具体位置。因此，车辆节点的移动性评估值可由式（4.4）计算。

$$\mathrm{MS}(x) = 1 - \frac{\||v(x)| - \mathrm{avg}_{y \in N_x}|v(y)|\|}{|\max_{y \in N_x}|v(y)| - \min_{y \in N_x}|v(y)|\|} \quad (4.4)$$

式（4.4）中，$\mathrm{MS}(x)$ 表示节点 x 的移动性评估值；$v(\cdot)$ 表示相应节点的当前移动速度；N_x 是包括节点 x 在内的节点 x 的邻居节点集合；max，min，avg 各自代表邻居节点集合的最大、最小以及平均车辆行驶速度。MS 的值越大表示节点的移动性越稳定，并且在每个预定的时间间隔（默认为 1 s），以式（4.5）更新一次。平滑因子 α 的默认值为 0.7[107]。移动性评估值的计算及更新过程如算法 4.4 所示。

$$\mathrm{MS}_i(x) \leftarrow (1-\alpha) \cdot \mathrm{MS}_{i-1}(x) + \alpha \cdot \mathrm{MS}_i(x) \quad (4.5)$$

算法4.4　MS 的计算及更新过程

1： Initialize（int stage）　　　　　　　　　　//初始化参数
2： **repeat**　　　　　　　　　　　　　　　　　//周期性事件
3：　　　myVelocity←currentVelocityMap.get(myId)
4：　　　avg←getAverageVelocity(currentVelocityMap)
5：　　　min←getMinVelocity(currentVelocityMap)
6：　　　max←getMaxVelocity(currentVelocityMap)
7：　　　**if** max != min **then**
8：　　　　　newMS←1 − (abs(myVelocity − avg)/abs(max − min))
9：　　　**else**
10：　　　　newMS←1
11：　　**end if**
12：　　myMS←(1 − α) * myMS + α * newMS
13：**until** 无事件发生

---

2. 链路质量评估值

在车联网中，由于车辆的移动速度快、障碍物较多，所以无线信号衰减严重，从而导致无线链路不稳定。不稳定的链路引发丢包率上升，造成自私节点检测难度升高（误检率变高），假阳性检测结果变多。例如，一个节点已经向下一跳节点发送了数据包，但是由于无线链路的质量差，数据包难以到达接收方节点。在不考虑链路质量的情况下，盲目地判断某个节点为自私节点是不公平的。为了提高检测方法的公平性和准确性，必须考虑链路质量对丢包率的影响。本书参考和改进了 WU 等人[108] 提出的考虑链路质量的 VANET 路由算法，来计算节点间的链路质量。网络中的每个节点通过计数来自邻居节点的 hello 消息，周期性地计算相应的 hello 消息接收率，从而能够在网络层间接地反映两个节点间的通信链路的质量。然而，由于无线通信网络中广播数据帧没有碰撞避免机制，所以 hello 消息可能丢失。因此，为了避免数据包冲突造成错误计算，采用 10 个 hello 消息周期的滑动窗口（采样间隔）。综合以上情况，依据最近 10 s（10 个 hello 周期）内收到的 hello 消息数量，在每次收到 hello 消息时更新 hello 消息接收率 [式 (4.6)]。

$$R_i(c,x) = \begin{cases} \dfrac{N_r(c,x)}{N_s(x)}, & N_s(x) \geq 10 \\ \dfrac{N_r(c,x)}{N_s(x)} \cdot [\varepsilon(N_x(x))], & 其他 \end{cases} \quad (4.6)$$

式 (4.6) 中，$N_r(c,x)$ 表示当前节点 c 从节点 x 收到的 hello 消息个数；$N_s(x)$ 是节点 x 广播的所有 hello 消息个数；$\varepsilon(\cdot)$ 是为了避免发送节点广播的 hello 消息过少（小于 10）造成过高估算而引入的折扣函数。本书采用的具体折扣函数为 $\varepsilon(x) = 1 - \left(\dfrac{1}{2}\right)^{N_s(x)}$。链路质量评估值可由式 (4.7) 计算可得。$\text{LQS}_{i-1}(c,x)$ 的初始值为 0。链路质量评估值 LQS 的计算和更新过程如算法 4.5 所示。

$$\text{LQS}(c,x) \leftarrow (1-\alpha) \cdot \text{LQS}_{i-1}(c,x) + \alpha \cdot R_i(c,x) \quad (4.7)$$

算法 4.5　LQS 的计算及更新算法

1： Initialize（int stage）　　　　　　　　　　　　//初始化参数
2： **repeat**　　　　　　　　　　　　　　　　　　//周期性事件
3：　　　iter←HelloReceptionRatioMap. begin( )
4：　　　**while** iter != HelloReceptionRatioMap. end( ) **do**
5：　　　　**if** iter. SentHelloCount >= 10 **then**
6：　　　　　oldRatio←iter. getRatio( )
7：　　　　　newRatio ←iter. RcvHelloCount/iter. SentHelloCount
8：　　　　**else**
9：　　　　　oldRatio ←iter. getRatio( )
10：　　　　　ε←1 - pow(0.5, iter. SentHelloCount)

算法 4.5 LQS 的计算及更新算法
11： newRatio ← ε * iter. RcvHelloCount/iter. SentHelloCount
12： **end if**
13： LQS ← (1 − α) * LQS + α * newRatio
14： iter ++
15： **end while**
16： **until** 无事件发生

3. 模糊逻辑决策过程

由于复杂的车联网通信环境中存在各种不确定性因素，所以很难建立一个准确的数学模型描述数据传输过程。模糊逻辑可以用类似人类推理的方式处理近似数据，通过使用非数字的语言变量来表达事实。因此，本书采用模糊逻辑，对以上介绍的综合评级评估值（IS）、移动性评估值（MS）和链路质量评估值（LQS）3个因素进行综合评价，确定节点的自私性评估值。

首先，模糊化3个因素。定义 IS，MS 和 LQS 的隶属函数（图4－5），以及相应的语言变量：IS ∈ {High, Medium, Low}，MS ∈ {Stable, Medium, Unstable}，LQS ∈ {Weak, Medium, Strong}。3个因素的观测数值将作为模糊逻辑决策模块的输入参数，通过各自的隶属函数将其值转换成以上定义的模糊变量（隶属度）。

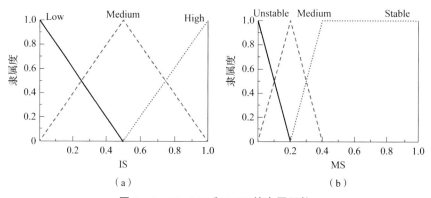

图4－5 IS、MS 和 LQS 的隶属函数

(a) IS 的隶属函数；(b) MS 的隶属函数

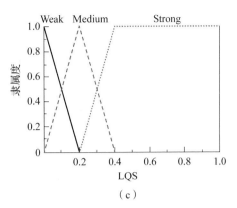

(c)

图 4-5 IS、MS 和 LQS 的隶属函数（续）

(c) LQS 的隶属函数

其次，基于预定义的模糊控制规则库（表 4-5）和"IF-THEN"推理，对 3 个模糊变量进行映射和组合，得出其 Rank 值。Rank ∈ {MostLikely, Likely, Probably, Possibly, LessLikely, LeastLikely}。如果多个规则同时满足条件，则使用 Min-Max 方法将它们的评价结果进行合成。

表 4-5 模糊规则库

—	IS	MS	LQS	Rank
Rule-1	High	Stable	Strong	MostLikely
Rule-2	High	Stable	Medium	Likely
Rule-3	High	Stable	Weak	Probably
Rule-4	High	Medium	Strong	Possibly
Rule-5	High	Medium	Medium	LessLikely
Rule-6	High	Medium	Weak	LeastLikely
Rule-7	High	Unstable	Strong	MostLikely
Rule-8	High	Unstable	Medium	Likely
Rule-9	High	Unstable	Weak	Probably
Rule-10	Medium	Stable	Strong	Possibly
Rule-11	Medium	Stable	Medium	LessLikely

续表

—	IS	MS	LQS	Rank
Rule-12	Medium	Stable	Weak	LeastLikely
Rule-13	Medium	Medium	Strong	MostLikely
Rule-14	Medium	Medium	Medium	Likely
Rule-15	Medium	Medium	Weak	Probably
Rule-16	Medium	Unstable	Strong	Possibly
Rule-17	Medium	Unstable	Medium	LessLikely
Rule-18	Medium	Unstable	Weak	LeastLikely
Rule-19	Medium	Stable	Strong	MostLikely
Rule-20	Low	Stable	Medium	Likely
Rule-21	Low	Stable	Weak	Probably
Rule-22	Low	Medium	Strong	Possibly
Rule-23	Low	Medium	Medium	LessLikely
Rule-24	Low	Medium	Weak	LeastLikely
Rule-25	Low	Unstable	Strong	MostLikely
Rule-26	Low	Unstable	Medium	Likely
Rule-27	Low	Unstable	Weak	Probably

最后，清晰化模糊变量。根据输出隶属函数（图4-6）和相应的隶属度，将模糊变量转换成数值结果。本书采用面积中心法[109]。多边形的面积由式（4.8）计算可得，其中心由式（4.9）计算可得。$\{x_i, y_i\}_{i=0}^{N-1} \in \mathbb{R}$代表顶点按逆时针排列的平面封闭的多边形。式（4.8）和式（4.9）中，A代表多边形的面积；c_x和c_y分别表示中心点的横坐标和纵坐标。基于以上过程，模糊逻辑决策模块给出节点的自私性最终评估值，如算法4.6所示。

$$A = \frac{1}{2} \sum_{i=0}^{N-1} (x_i y_{i+1} - x_{i+1} y_i) \quad (4.8)$$

$$c_x = \frac{1}{6A} \sum_{i=0}^{N-1} (x_i + x_{i+1})(x_i y_{i+1} - x_{i+1} y_i)$$

$$c_y = \frac{1}{6A} \sum_{i=0}^{N-1} (y_i + y_{i+1})(x_i y_{i+1} - x_{i+1} y_i) \quad (4.9)$$

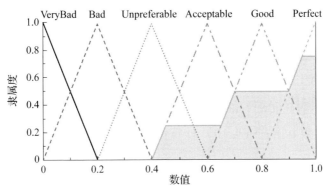

图4-6 输出隶属函数

算法4.6 自私性最终评估值的计算

1: Initialize（int stage） //初始化参数
2: **repeat** //周期性事件
3: is←IS_map. find(myId)
4: ms←MS_map. find(myId)
5: lqs←LQS_map. find(myId)
6: map < int, float > ISval←ISmemFunc(is)
7: map < int, float > MSval←MSmemFunc(ms)
8: map < int, float > LQSval←LQSmemFunc(lqs)
9: rule←selectRules(ISval, MSval, LQSval)
10: finalScore←defuzzification(rule)
11: **until** 无事件发生

4.4.5 感知模块

感知模块通过观测邻居节点的移动方向和其反馈 ACK 确认信息的时长生成预估结果，协助自私性最终决策。目标车辆相对于观测车辆的移动方向是预测目标车辆下一时刻位置的重要感知信息。

感知模块可以被视为综合评级模块的辅助模块，帮助获取更多的车辆移动性辅助信息。当目标车辆的移动方向与观测车辆的移动方向不一致（特别是方向相反）时，目标车辆很可能被误检为自私节点，因为目标车辆在观测车辆感知范围内的时间很短，收到的 hello 消息的数量不足以准确判定其自私性。为了感知邻居车辆的行驶方向，本书以目标车辆和观测车辆的行驶方向所形成的夹角表示它们的相对移动方向。向量 $\vec{s}_t = [x_t^s - x_{t-1}^s, y_t^s - y_{t-1}^s, z_t^s - z_{t-1}^s]$ 表示目标车辆的移动方向，向量 $\vec{o}_t = [x_t^o - x_{t-1}^o, y_t^o - y_{t-1}^o, z_t^o - z_{t-1}^o]$ 表示观测车辆的移动方向。(x_t^s, y_t^s, z_t^s) 和 $(x_{t-1}^s, y_{t-1}^s, z_{t-1}^s)$ 各自表示目标车辆在时刻 t 和 $t-1$ 的三维坐标，(x_t^o, y_t^o, z_t^o) 和 $(x_{t-1}^o, y_{t-1}^o, z_{t-1}^o)$ 各自表示观测车辆在时刻 t 和 $t-1$ 的三维坐标。因此，目标车辆和观测车辆在 t 时刻的夹角 θ 由式（4.10）计算可得。

$$\theta(t) = \arccos\left(\frac{\vec{s}_t \cdot \vec{o}_t}{|\vec{s}_t| \cdot |\vec{o}_t|}\right) \tag{4.10}$$

其中，符号（·）表示两个向量的内积；$|\vec{x}|$ 表示向量 $\vec{x}$ 的模。夹角 θ 总是大于等于 0°、小于等于 180°。θ 越大，目标车辆和观测车辆的可通信时长越短。通过上述方式，观测车辆可以实时记录邻居车辆的移动方向，为最终决策进程提供辅助信息。

另外，感知模块统计来自邻居节点的 ACK（hello 包内的发送节点 IP 地址）确认信息，为网络层检测模块提供可协助自私性检测的有用信息。感知模块通过感知邻居节点的 ACK 确认信息，记录未收到 ACK 确认信息的节点 ID 和最近一次收到 ACK 确认信息的时间。显然，观测车辆在未来第几个 hello 消息周期（本书的默认设置为 1 s）收到目标车辆的 ACK 确认信息的概率服从几何概率分布，其值由式（4.11）计算可得。

$$P(X=k) = (1-p)^{k-1}p, \quad k \in \mathbb{Z}^+ \tag{4.11}$$

其中，$P(X=k)$ 是观测车辆在第 k 次 hello 消息周期收到目标车辆的 ACK 确认信息的概率；p 表示每个 hello 消息周期内能够收到 ACK 确认信息的概率（本书默认设置为 0.5）。从式（4.11）可看出，等待 ACK 确认信息的时间越长，成功接收到 ACK 确认信息的概率越低。因此，随着时间的推移，感知模块可以近似估计 ACK 确认信息丢失的可能性，从而断定从源节点到目的节点间存在有意或无意的不合作节点。计算车辆行驶方向的相对夹角和 ACK 确认信息反馈概率的具体步骤如算法 4.7 所示。

算法 4.7　计算车辆行驶方向的相对夹角和 ACK 确认信息反馈概率的具体步骤

```
1： Initialize（int stage）                              //初始化参数
2： repeat                                              //每次收到 hello 消息时执行
3：    st←getVec(Hello. Positon)
4：    ot←getVec(MyPosition)
5：    Map < int, float > angle←calAngle(st, ot)        //式 (4.10)
6：    Array < int > IDs ←getIDs(Hello)                 //获取数据包 ID
7：    map < int, float > ACK_prob←getProb(IDs)         //式 (4.11)
8：    map < int, float > updateNB(ACK_prob)            //更新 ACK_prob 值
9： until 无事件发生
```

综上所述，本书设计的检测系统进行自私性最终检测时，感知模块预判目标车辆的移动方向和反馈 ACK 确认信息的可能性，并作为附加信息，以提高检测精度。具体而言，检测系统借助感知模块的辅助信息，对模糊逻辑决策模块的输出结果进行进一步调整，概率性优化最终决策结果。例如，模糊逻辑模块初判某个目标车辆为自私节点，然而其移动方向与观测车辆相反（$\theta > 90°$），或者 ACK 确认信息等待时间过长（$P(X=k) > 0.3125$，即在 5 次 hello 消息周期中未收到 ACK 确认信息），系统最终决策时纠正该目标车辆为协作性节点。

4.5　仿真试验

为了验证和评价本书提出的自私节点检测方法的有效性，进行了计算机仿真试验。本节内容主要从评价指标、仿真环境、试验结果等方面进行具体介绍和详细讨论。

4.5.1　评价指标

通常，检测方法的传统评价指标有 Accuracy、Precision、Recall 和 F1_score 等。Accuracy 是指所有预测结果中真阳性和真阴性的占比[式（4.12）]。它适用于对称的、均衡的数据集。对于非对称数据集 Accuracy 可能给出偏移的评价结果。Precision 是指真阳性在所有阳性检测结果中的占比

[式(4.13)]。Recall 是指真阳性在真阳性和假阴性样本中的占比[式(4.14)]。它反映检测方法的敏感性。F1_score 是 Precision 和 Recall 的调和平均值[式(4.15)]，在 Precision 和 Recall 都可能导致高假阳性检测率和高假阴性检测率的情况下被用作检测评价指标[110]。公式中的 TP，TN，FP 和 FN 分别表示真阳性（True Positive）、真阴性（True Negative）、假阳性（False Positive）和假阴性（False Negative）检测结果。

$$\text{Accuracy} = \frac{TP + TN}{TP + TN + FP + FN} \quad (4.12)$$

$$\text{Precision} = \frac{TP}{TP + FP} \quad (4.13)$$

$$\text{Recall} = \frac{TP}{TP + FN} \quad (4.14)$$

$$\text{F1\_score} = 2 \times \frac{\text{Precision} \times \text{Recall}}{\text{Precision} + \text{Recall}} \quad (4.15)$$

为了更直观地理解这 4 个评价指标，表 4-6 列出了一组示例数据。通过表 4-6 中的数值计算可知，只要 TP + TN 的值不变，Accuracy 给出的值就不变（0.576 923），这说明 Accuracy 不适合评价均衡数据（balanced data）。然而，其他 3 个评价指标给出不同的值，更适合作为本书的性能评价指标。车联网环境数据是非对称数据（unbalanced data），因此本书采用 Precision，Recall 和 F1_ score 作为评价指标。

表 4-6　4 个评价指标对比示例

序号	TP	TN	FP	FN	Accuracy	Precision	Recall	F1_score
1	4	11	5	6	0.576 923	0.444 444	0.4	0.421 053
2	5	10	6	5	0.576 923	0.454 545	0.5	0.476 190
3	6	9	7	4	0.576 923	0.461 538	0.6	0.521 739
4	7	8	8	3	0.576 923	0.466 66	0.7	0.560 000
5	8	7	9	2	0.576 923	0.470 588	0.8	0.592 593
…	…	…	…	…	…	…	…	…

4.5.2 仿真环境

为了验证本书提出的自私节点检测方法在不同交通路网环境下的有效性，采用两种经典的交通路网场景，即高速路网场景和城市路网场景。本书在仿真试验中采用的两个路网场景均来自西安市实际交通路网，由 OpenStreetMap 生成。场景地图和结构如图 4-7 所示。高速路网场景由 1 条双方向四车道主干道和 6 条双方向两车道分支道组成。城市路网场景由 11 个主要交叉路口和 1 个大型环岛组成。两个场景的主要区别是高速路网场景的车辆可行驶最大速度（限速）远高于城市路网场景；与城市路网场景相比，高速路网场景中岔道和十字路口较少，而且车辆密度比城市路网场景低。

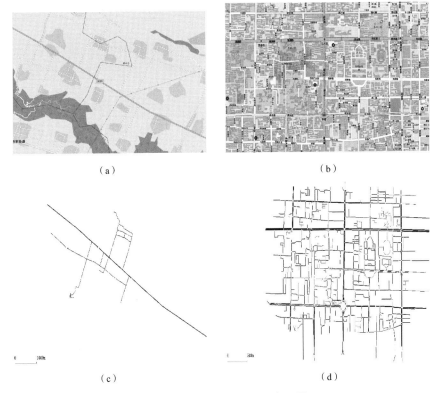

图 4-7 自私节点检测仿真场景

（a）高速路网场景地图；（b）城市路网场景地图；（c）高速路网场景结构；（d）城市路网场景结构

仿真平台采用 OMNeT++（v5.5.1）、INET Framework（v4.1.1）、SUMO(v1.2.0)和Veins(v5.0)的集成平台。具体仿真环境配置参数和车辆节点参数如表4-7和表4-8所示。

表4-7 自私节点检测仿真环境配置参数

参数	值
仿真时间	500 s
仿真区域（高速路场景）	8 km×4 km
仿真区域（城市路场景）	2.5 km×2.5 km
车辆数	≤90
无线传输距离	1 000 s
移动模型	车辆移动模型
数据包大小	100 B
数据包速率	1 pkt/s
路由协议	AODV
比特率	2 Mbit/s
网络接口卡	IEEE 802.11p
无线电传播模型	等速传播
无线电路径损耗类型	Nakagami 衰变

表4-8 自私节点检测仿真车辆节点参数

参数	值
车辆长度	5.0 m
车辆宽度	1.8 m
车辆高度	1.5 m
车辆加速度（城市路场景）	2.6 m/s^2
车辆加速度（高速路场景）	3.6 m/s^2
车辆减速度（城市路场景）	4.5 m/s^2
车辆减速度（高速路场景）	5.2 m/s^2
车辆最大速度（城市路场景）	13.8 m/s（约50 km/h）

续表

参数	值
车辆最大速度（高速路场景）	27.8 m/s（约 120 km/h）
最小车间距（城市路网场景）	2.5 m
最小车间距（高速路网场景）	50 m
sigma	0（表示熟练驾驶）

4.5.3 试验结果

为了评价本书提出的车联网通信环境中自私节点检测方法的检测性能，在高速路网和城市路网两种场景中，分别进行了仿真试验，并且与 w-LQ、w-MS 以及 w-LQ-MS 等基线方法进行了 Precision、Recall 和 F1_score 等评价指标的性能对比。在试验结果中，P 是本书提出的检测方法，w-LQ 是指未考虑链路质量的检测方法，w-MS 是指未考虑节点移动性的检测方法，w-LQ-MS 是指未考虑链路质量和节点移动性的检测方法。为了验证感知模块对最终检测性能的影响，与未考虑感知信息的 w-Per 方法也进行了对比试验。

在仿真试验中，顶层应用部署了第 3.4.2 小节中介绍的 UDP 应用程序。每次仿真运行时长为 500 s，最终自私性决策阈值为 0.5，意味着最终自私性评估值大于等于 0.5 时，标记该节点为自私节点。自私性决策阈值根据实际应用的不同而不同，根据应用需求可由用户自由设定。为了避免随机性对仿真结果的负面影响，每一轮仿真以不同的随机种子执行 50 次，并将其平均值作为最终试验结果，试验结果中误差条的长度表示 95% 的置信区间。

1. 高速路网场景中的检测性能评价

高速路网场景的突出特征是车辆节点高速移动，车辆密度低，交叉路口较少。本书仿真试验采用的是 OSM 生成的西安市路网的一段高速路网场景，如图 4-7（c）所示。

首先，为了评价本书提出的自私节点检测方法在高速路网场景中对动态自私性节点的检测性能，在高速路网场景中注入了 30 个车辆节点，并为每个车辆节点随机分配行驶路线。其中，随机选择 10 个车辆节点，预定义为 type-2 型动态自私节点，其自私性以步长 10% 从 10% 递增至 90%。试验结果如图 4-8 所示，对比了 5 种方法的 Precision、Recall 和 F1_score 性能指标。从试验结果看出，本书提出的方法（P）在 3 个评价指标上均优于 w-LQ、w-MS 以及 w-LQ-MS 方法。其主要原因是 P 方法在自私性检测过程中综合考虑了链路质量和稳定性因素，降低了假阳性检测率。另外，从试验结果容易看出［图 4-8（a）和图 4-8（c）］，动态自私节点的自私性超过 50% 时，5 种检测方法的检测性能明显提高，因为此时的动态自私节点对网络性能影响加剧，从而更容易被检测到。同时，w-LQ 方法的 Precision 和 F1_score 均小于 w-MS 方法，这说明在车联网

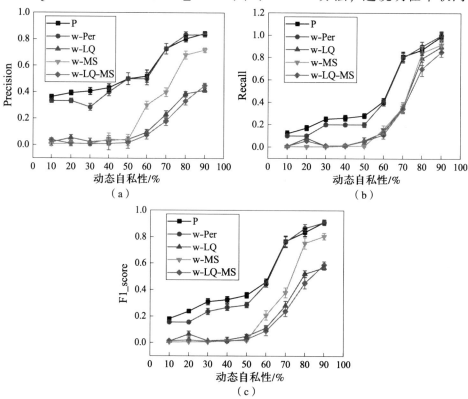

图 4-8　高速路网场景下动态自私性对检测性能的影响

(a) Precision；(b) Recall；(c) F1_score

中，对于自私节点的检测方法，考虑节点的链路质量比考虑移动性更重要。不出意料地，w-LQ-MS 方法的检测性能最低，因为该方法未考虑节点的移动性影响，也没考虑链路质量。此外，当自私性低于 50% 时，网络中存在自私性丢包和链路不稳定丢包之间存在较强的歧义性。但是，本书提出的检测方法仍表现出比其他检测方法更强的检测能力。其原因不仅归功于综合考虑链路质量和移动性，也因为引入的感知模块助力了最终决策。从试验结果看出本书提出方法（P）优于未考虑感知信息的 w-Per 方法，这也证实了考虑车辆行驶方向和 ACK 响应时长对提升检测性能的有效性，尤其自私性小于 50% 情况下。

其次，为了检验所本书所提出的方法在不同节点密度下的性能，在高速路网场景中对 5 种检测方法进行了 Precision、Recall 和 F1_score 方面的性能比较，仿真结果如图 4-9 所示。在仿真试验中，车辆节点总数以步长 10 从 40 递增至 70。其中包括了预先随机定义的 10 个 type-2 型动态自私节点，动态自私性被设置为 80%。如仿真结果所示，P 方法的 Precision、Recall 和 F1_score 等 3 个指标均优于其他 3 个检测方法。然而，评价指标随着网络中节点数的增加而下降。这是因为网络中的车辆节点越多，自私节点参与转发的机会就越少。如果一个节点在整个网络进程中从未参与通信过程，就没有理由也没有必要对该节点进行自私性评判。试验结果还表明，未引入感知模块的检测方法（w-Per）在车辆密集的高速路网场景中的检测性能低于 P 方法。其主要原因是双方向高速行驶的车辆增多，不考虑目标车辆的移动方向和 ACK 确认信息反馈，将导致误检率上升。

2. 城市路网场景中的检测性能评价

与高速路网场景相比，城市路网场景的主要特征是车辆行驶缓慢，车辆密度高，交叉路口多并且车与车之间的距离小。仿真中采用的城市路网场景是基于西安市真实地图，由 OSM 生成的路网，如图 4-7（d）所示。

首先，为了评价本书提出的自私节点检测方法在城市路网场景中应对不同程度的自私性的性能，进行如下仿真试验。在仿真试验中，在城市路网场景中部署了 30 个车辆节点，其中预定义了 10 个 type-2 型动态自私

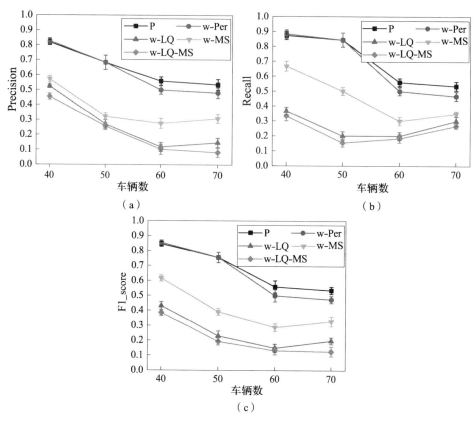

图 4-9 高速路网场景下自私节点密度对检测性能的影响

(a) Precision；(b) Recall；(c) F1_score

节点，并为每个车辆随机选取了一条行驶路线。试验对比了不同自私性（10%~90%）情况下5种检测方法的 Precision、Recall 和 F1_score 性能指标，结果如图 4-10 所示。随着自私节点的自私性的增长，所有检测方法的 Precision 指标都在提升，因为节点的自私性越高，其自私行为越明显，越容易被检测到。从图 4-10 看出，本书提出的检测方法的3个性能指标均远高于其他检测方法，因为本书提出的检测方法综合考虑了节点移动性和节点间的链路质量，同时加入了感知模块，从而降低了误判率。此外，w-MS 方法的各项性能指标均高于 w-LQ 和 w-LQ-MS 方法的性能指标，这说明在城市路网自私性检测系统中，节点间的链路质量是具有高影响力的关键因素。此外，当节点的自私性低于50%时，P方法的性能最优。这验证了感知模块只有在城市路网场景中低自私性节点占多数时，才能提升检测性能，因为感知模块是基于概率性预测来优化模糊逻辑模块的。

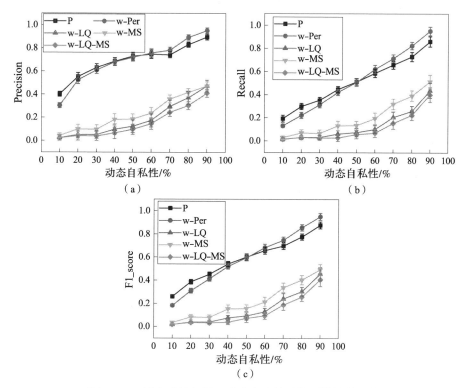

图4-10 城市路网场景下动态自私性对检测性能的影响

(a) Precision; (b) Recall; (c) F1_score

其次，为了测试在不同节点密度下5种检测方法在城市路网场景中的性能表现，进行如下仿真试验。部署的车辆总数以步长10从30递增至90，其中包括预定义的10个type-2型动态自私节点，其自私性被设置为固定值（80%）。试验结果如图4-11所示。试验结果表明，从Precision、Recall和F1_score3个评价指标看，本书提出的检测方法在城市路网场景中应对不同密度的自私节点检测能力均优于其他4种方法。然而，所有检测方法的性能指标均随着节点密度的增加而降低，因为随着网络中节点数量的增多，自私节点的隐蔽性变强，增加了检测难度。另外，w-MS方法的检测性能比 w–LQ 方法高，这说明在城市路网场景中移动性因素对自私节点的检测影响比链路质量因素要弱。尽管在城市路网场景中，w–MS 方法的性能优于 w–LQ 方法，但是两者的差距没有在高速路网场景中那么明显，这说明在自私性检测方面，城市路网场景中的移动性因素比高速路网场景更重要。然而，有感知功能的 P 方法不如 w–Per 方法，因为感知模块在自私节点较少的城市路网场景中更容易产生假阳性结果。

概括而言，本书提出的自私节点检测方法无论在高速路网场景中还是在城市路网场景中，其检测性能均高于其他基线检测方法。其主要原因是本书所提出的方法考虑了节点的移动性和链路质量因素，从而得到了更公平，更准确的检测效果，也就是降低了误检率，提升了检测率。

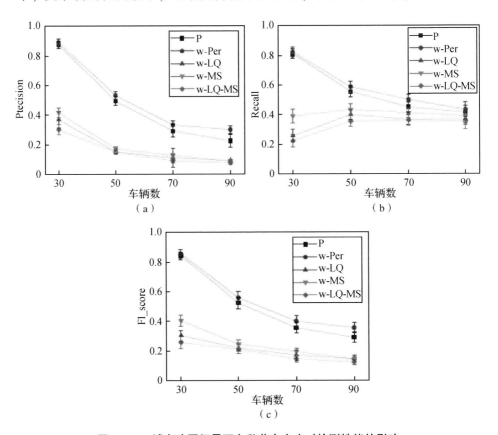

图 4–11 城市路网场景下自私节点密度对检测性能的影响

（a）Precision；（b）Recall；（c）F1_score

3. 静态自私节点检测性评价

为了更全面地评价本书所提出的自私性检测方法，针对静态自私节点（static）网络和合作性节点（altruistic）网络进行了性能对比试验。静态自私节点是指其自私性在整个网络进程中静态不变（参阅第 3.2 节）。换言之，静态自私节点是自私性为 100% 的动态自私节点。相反，合作性节点是指在网络进程中始终表现出合作性，帮助其他节点转发数据包的节点。换言之，合作性节点是自私性为 0% 的动态自私节点。在高速路网和城市路网场景中对比本书提出的方法与传统的确定性方法的检测效率。传统的确定性方法（deterministic method）是指只要发现节点未转发本应转发的数据包，就确定该节点为自私节点的检测方法。

分别在高速路网场景和城市路网场景进行仿真试验，将总节点数设置为 16 个，其中预定义了 4 个静态自私节点或合作性节点。在每组试验中，节点周期性地向随机选择的目的节点发送 UDP 数据包。表 4-9 列出了仿真结果（表中"Det."表示传统的确定性方法；"Pro."表示本书提出的方法）。表 4-9 中的数值为通过相应的检测方法得出的最终自私性评估值。在检测静态自私节点的仿真结果中，无论传统的确定性方法还是本书提出的方法都成功检测到所有自私节点。然而，有些原本正常的节点，由于丢包（移动性或链路质量导致丢包）而被传统的确定性方法误判为自私节点。对于此类节点，本书提出的方法虽然给出了非零的自私性评估值，但是由于该最终评估值未达到自私性阈值（<0.5），所以仍正确地判定其为正常节点。合作性节点的自私性是 0%，这说明合作性节点和正常节点一样，并无区别。在检测合作性节点的仿真试验结果中，由于网络中存在转发失败导致丢包，所以仍然有些节点被传统的确定性检测方法误检为自私节点。可以得出结论，在传统的确定性方法中，转发失败的发生次数越多，检测结果中的假阳性率越高，同时说明了分析数据未被转发的原因是设计公平、有效的检测方法的根本。

表4-9 本书提出的方法与传统的确定性方法的性能比较

			[0]	[1]	[2]	[3]	[4]	[5]	[6]	[7]	[8]	[9]	[10]	[11]	[12]	[13]	[14]	[15]
静态	高速	Type	Normal	Normal	Normal	Selfish	Normal	Normal	Selfish	Normal	Normal	Selfish	Normal	Selfish	Normal	Normal	Normal
		Det.	1	0	0	1	1	1	1	0	1	1	1	1	1	1	0	0
		Pro.	0.112 24	0	0	1	0.063 50	0.333 33	0.990 57	0	0.376 19	1	0.277 77	0.856 40	0.333 33	0.093 75	0	0
	城市	Type	Normal	Normal	Normal	Normal	Selfish	Normal	Selfish	Normal	Normal	Normal	Selfish	Selfish	Normal	Normal	Normal	Normal
		Det.	0	0	1	0	1	0	1	0	1	0	1	1	1	0	0	1
		Pro.	0	0	0.035 09	0	0.944 44	0	0.923 08	0	0.166 67	0	0.961 54	0.912 43	0.003 98	0	0	0.005 09
协作	高速	Type	Normal	Normal	Normal	Altruistic	Normal	Normal	Altruistic	Normal	Normal	Altruistic	Normal	Altruistic	Normal	Normal	Normal	Normal
		Det.	1	0	1	0	1	0	1	1	1	0	1	1	1	0	0	0
		Pro.	0.028 57	0	0.010 52	0	0.072 30	0	0.142 86	0.212 24	0.367 12	0	0.266 67	0.198 44	0.223 34	0.139 75	0	0
	城市	Type	Normal	Altruistic	Normal	Normal	Normal	Normal	Normal	Normal	Altruistic	Normal	Normal	Normal	Altruistic	Normal	Normal	Normal
		Det.	1	0	0	1	1	1	0	1	0	1	1	0	1	0	0	1
		Pro.	0.111 11	0	0	0.037 74	0.226 92	0.019 23	0	0.250 00	0	0.275 00	0.226 92	0	0.166 66	0	0	0.002 53

4. 通信开销评价

本书提出的自私节点检测方法通过 AODV 路由协议的 hello 广播报文来实现数据的采集。为了分布式交换相关信息，在原有的 hello 消息中添加了一些附加信息（字段）。表 4 – 10 列出了带附加信息的 hello 消息数据结构，包括字段名、数据类型及长度。从表 4 – 10 看出，hello 消息的原始总长度为 122 B，固定的附加字段总长度为 24 B。唯独 packetIDs 附加字段长度与该向量长度不同。packetIDs 向量的用途是存储被阻塞的 IP 包 ID。在一个正常运行的通信网络中，被阻塞的 IP 包相对较少，因此该向量长度不可能太大，否则网络通信不能正常工作。根据上述分析，相比本书提出的方法所带来的性能提升，本书提出的方法的通信开销可以忽略不计。

表 4 – 10 检测方法中带附加信息的 AODV 路由协议 hello 消息数据结构

字段名	数据类型	长度/B	备注
Base class	AodvControlPacket	64	默认字段
packetType	int	4	默认字段
repairFlag	bool	1	默认字段
ackRequiredFlag	bool	1	默认字段
prefixSize	unsigned int	4	默认字段
hopCount	unsigned int	4	默认字段
destAddr	L3Address	16	默认字段
destSeqNum	unsigned int	4	默认字段
originatorAddr	L3Address	16	默认字段
lifeTime	simtime_t	8	默认字段
stabilityScore	float	4	附加字段
IpLevelScore	float	4	附加字段
MacLevelScore	float	4	附加字段
currentVelocity	double	8	附加字段
sentHelloCounter	int	4	附加字段
packetIDs	vector < int >	4 × length	附加字段

5. 系统延时评价

车联网应用主要有两类,即安全类应用和非安全类(信息娱乐)应用。它们对通信延时和计算延时的要求程度各不相同。本书提出的自私节点检测系统的总延时包括网络层的检测时间、MAC 层的监视时间和各节点的本地计算时间。首先,相比于检测时间和监视时间,本地计算时间可以忽略不计。其次,MAC 层监视模块通过监听邻近节点的收发帧来获取相关信息,因此 MAC 层上不产生额外的通信延时。最后,网络层的检测时间是本系统总延时的主要部分。在网络层检测模块中,广播 hello 消息清空检测表的次数最多等于端到端通信的跳数。一方面,公平、有效的异常行为(包括自私行为)检测系统需要长远的角度设计,因为它需要一定量的历史数据和实时数据作为判别的依据;另一方面,在车联网中,自私节点的检测和识别功能需求没有交通事故预警、紧急刹车预警等需求那么迫切。根据以上分析,本书所提出的自私节点检测系统的总时延满足车联网环境的要求。

4.6 本章小结

本章主要研究了车联网通信环境中动态自私节点的检测方法。针对车联网中链路不稳定和节点移动速度快导致自私节点检测难度高的问题,本书提出了基于模糊逻辑的动态自私节点检测方法。结合 MAC 层监视和网络层检测的互补性,对节点行为进行初步评估并确定自私性评估值。为了降低丢包现象导致的误检率,对节点的移动性和链路质量进行进一步评价,并基于模糊逻辑对以上评估指标进行综合评判,给出最终自私性评估值。同时,本书创新性地引入了对车辆行驶方向和 ACK 确认信息反馈概率感知功能,协助了最终的自私性评判。通过计算机仿真,证实了本书提出的自私节点检测方法在可接受的通信开销下,有效地提高了城市路网和高速路网场景中的自私节点检测率,降低了误检率。因此,在车联网中设计异常行为检测机制时,考虑节点移动性和链路质量是至关重要的,否则会产生不公平的评判和极高的误检率。但是，在某些情况下，由于自私节点在整个网络进程中没有机会为其他节点转发数据包，检测方法无法正确检测到一些预定义为自私的节点。实际中，此类节点对网络性能没有负面影响。

公平地（低误检率）、准确地（高检测率）检测出自私节点对车联网路由设计、通信优化、促进协同计算都有重要意义。基于检测方法的激励机制是更好地利用全网潜在的通信和计算资源，为智能交通应用服务的有效途径。

下一章进一步研究和讨论在车联网通信环境中基于自私性检测方法的激励机制。

第5章 车联网通信中自私节点的激励机制

车联网作为物联网在交通和汽车领域的延伸,支撑着大量的智能交通应用,包括高可靠性、小延时的安全类应用和高算力、大存储的非安全类(信息娱乐)应用[111]。其中,在通信效率方面,多跳通信扮演着重要角色。图5-1所示为车联网场景中的多跳通信模式示意。从图中看出,在

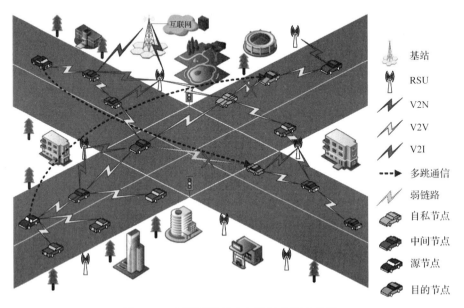

图5-1 车联网场景中多跳通信模式示意

车联网通信中，数据传输失败的原因一般可归结为以下两类：数据传输路径上存在自私节点；传输距离太远或障碍物干扰导致的链路不稳定。本章的主要内容如下。首先，将车联网通信中的多跳数据传输过程建立成多个中继节点协作的联合博弈模型，形成激励策略。其次，基于模糊逻辑，对车辆的移动性、链路质量、计算能力等外部因素进行综合评判，确定车辆的通信环境状态。最后，利用强化学习算法，引导车辆节点自适应地调节数据传输行为决策。

5.1 引言

车联网通信技术对智能交通应用的数据传输和共享起着至关重要的作用。车联网的 V2V、V2I、V2P、V2N（称作 V2X 模式）等共存的通信模式确保网络的连通性和稳定性[112]。在 V2X 通信模式下，由于无线终端的有限传输范围和快速移动性，节点间无法进行点对点直接通信，只能借助中继节点进行多跳数据转发才可能实现数据的可靠传递。然而，正如第 3.1 节所介绍的，节点为了节省自身有限的计算和通信资源，不愿意无偿地为其他节点提供数据转发服务，表现出自私性。节点的自私行为对网络性能有严重的负面影响（参阅第 3.3 节和第 3.4 节）[113-115]。因此，设计和开发有效的激励机制来鼓励自私节点参与网络进程，充分利用全网资源，从而提高车联网的整体通信性能，是一项亟待解决的研究课题。

为了通过激发自私节点去参与数据转发以提高网络资源利用率，学者们在 MANET 和 DTN 环境中提出了很多激励机制和方法，包括基于信用度的激励机制、基于声誉的激励机制和基于博弈论的激励机制等。然而，由于车联网环境具有高移动性、动态拓扑、不稳定链路等独特的特点，现有的 MANET 和 DTN 中的激励机制不适用于车联网环境或很难在车联网环境中有效应用。在车联网中，实现精准激励（避免误奖励、误惩罚），挖掘潜在资源，提高网络性能是一项具有挑战性的研究课题。

针对以上问题，本书提出了一种基于 Q – 学习[116]的车联网通信环境中的自私节点激励机制。该激励机制无须对复杂的车联网环境建模，利用博弈论建立节点间的通信合作关系，利用模糊逻辑评估节点的通信环境状态，以Q-学习算法引导智能体（节点）参与数据转发操作，实现了车联网环境中的分布式激励机制。为了达到精准激励，该激励机制考虑了智能体产生自私性的内部和外部因素。内部因素是指智能体被检测方法评定的状态，即"自私性"或"协作性"。外部因素是指智能体的周围环境状态信息，包括当前算力、无线链路质量、节点移动性等。为了避免Q-学习的维度灾难问题，本书采用了基于模糊逻辑理论的综合性评估方法以限制状态空间的维度。

本节中，"车辆"和"节点"被视为可互换使用的相同术语。

5.2 相关研究

近年来，智能交通领域中车-车协同通信受到汽车行业和学术界的广泛关注。随之，有效的激励机制成为新的课题，并有了一些研究成果。大部分研究成果继承了MANET和DTN中已有的激励方式。现有激励机制大体可分为：基于信任度的激励机制、基于声誉的激励机制和基于博弈论的激励机制三大类[117]。

5.2.1 基于信任度的激励机制

基于信任度的激励机制遵循网络节点以虚拟货币来提供和获取网络资源的思想。早期，BUTTYÁN等人[36]在MANET环境中提出了基于信任度的激励协议。该协议要求每个节点需配备所谓安全模块的防篡改硬件设备。安全模块用于记录每个节点的Nuglet值（信任度的雏形）。当节点向其他节点发送数据包时，Nuglet值减小；而为其他节点转发数据包时，Nuglet值增大。后来，CHEN等人[118]提出了另一种信任度，称为MobiCent。MobiCent的支付机制基于MANET路由协议的传输路径长度（跳数）。MobiCent具有激励兼容性，并对传递消息的支付额规定了上限，这也是基于 VCG（Vickrey – Clarke – Groves）的激励机制的缺陷[119]。MobiCent 也是能抵御插边攻击①的防御机制。ZHU 等人[120]提出了多层基于信任度的激励机制（SMART），激发 DTN 节点的协作性。然而，SMART 机制无法很好地应对插边攻击[120]。后来，CHEN 等人[121]在 DTN 中提出了一种更加安全的基于信任度的消息转发激励机制。该激励机制包括两种奖励方式，即最早路径单一奖励方式和最早路径累积奖励方式，能够防御删边攻击，从而弥补了 MobiCent 的短板。另外，DONG 等人[122]结合 Q – 学习和节点行为记录决定的信任度，提出了一种针对 VDTN 的多副本路由算法，以避免路由路径中存在自私节点。SULTAN 等人[123]为了防御车联网节点的异常行为，提出了基于信任度的激励机制，并应用加密技术保证了每个数据包的真实性。

5.2.2 基于声誉的激励机制

基于声誉的激励机制的主要思想是节点表现出的协作性越强，声誉值越大[117]。声誉值的准确估算是基于声誉的激励机制的最具挑战性的难点。DIAS 等人[124]设计了一种协同监视系统来检测和防御 DTN 中节点的异常行为。该系统的运行依赖网络中各节点之间的声誉值协作交换。KRAVARI 等人[125]提出了在多智能体环境中引入智能体之间社会关系的分布式声誉模型（DISARM）。DISARM 是一种基于知识的方法，结合了互动信任和证人声誉，弥补了常见的分布式混合方法的缺点，并基于社会原则和可行逻辑，从不完整和可能相互冲突的信息中总结出了更合理的声誉值。而后，一个更鲁棒的、分布式的基于声誉值的激励机制（REPSYS）在 DTN 环境中被提出[126]，它考虑了节点之间的交互、反馈信息和虚假消息评级。LU 等人[127]在 DTN 环境中提出了一种实用激励协议，称作 Pi。Pi 是一种混合激励协议，它不仅对数据成功传递路径上的节点进行信任度奖励，还根据

---

① 插边攻击（edge insertion attack）是指节点构造虚拟边，伪造一条虚假路径获取额外奖励的攻击。

其合作性贡献，对数据传递失败路径上的节点进行声誉值奖励。HE 等人[128]对 Pi 协议进行了改进，提出了一种混合激励交易模型，用于 DTN 数据转发，该模型利用声誉补偿和激励节点放弃暂时性利益，将其转发任务转移到其他更有资格的节点上执行。最近，TIAN 等人[129]引入了一个用于识别车联网中交通服务拒绝的声誉框架，该框架结合了以数据为中心和以实体为中心的方法，激励所有车辆参与交通监视和验证过程。GYAWALI 等人[130]在 5G 车联网中提出了一种基于深度强化学习算法的动态声誉更新策略，激励车辆反馈更真实的信息。

5.2.3 基于博弈论的激励机制

通常，基于博弈论的激励机制中参与者（player）的下一步行为取决于对方的上一次行为，因此也称为基于 TFT 的激励机制。SUN 等人[131]从不同的角度对博弈论在车联网中的应用进行了全面的综述。WU 等人[42]提出了一种基于博弈论和强化学习算法的奖励分配机制，从而最大化车联网中的 V2I 通信性能。LI 和 SHEN 等人[43]从博弈论的角度，在 MANET 中基于声誉和价格建立了自私节点的检测与激励系统。KHAN 等人[44]提出了一种基于进化博弈论的智能分组转发方法，促进了 MANET 中的节点协作性。在异构 DTN 中，CHAHIN 等人[132]根据少数派博弈理论（Minority Games）提出了基于声誉的激励机制，优化了节点间的分布式协同，提高了网络性能。YANG 等人[45]提出了一种基于 Stackelberg 博弈的 VANET 数据卸载最优定价策略。AL-TERRI D 等人[46]提出了两种基于 TFT 博弈的策略，即群声誉（Group Reputation）和合作检测（Cooperative Detection）策略，激励 VANET 节点在 MAC 层协作。该策略解决了贪婪问题，同时提高了异常行为检测性能。最近，LI 等人[133]利用 Stackelberg 博弈，在编队行驶的自动驾驶场景中，对领头车辆和跟随车辆的交互策略进行建模，进而激励跟随车辆接受数据采集任务。该方法采用多智能体深度确定性策略，寻求在非完全信息的情况下求解均衡解。此外，一些研究人员引入了基于博弈论的激励机制来解决车联网中的计算卸载问题。例如，LIU 等人[134]提出了一种基于禀赋效应（RABEE）的反向拍卖（reverse auction）激励机制，用于在车联网中进行计算任务卸载。RABEE利用行为经济学中的禀赋效应，提高了备用车辆节点的平均效用和参与率。

综上所述，基于信任度的激励机制本质上需要一个中心权威机构来维护和管理网络中每个节点的信任度，可能存在单点故障的风险。此外，在一些缺乏固定基础设施的交通场景中，很难部署中央管理机构并达到全覆盖。基于声誉的激励机制高度依赖每个节点的精确历史数据，这在高度动态的车辆网络中很难实现。基于博弈论的激励机制利用博弈论这一自然而灵活的工具实现分布式协作，它适用于研究自主性节点之间的相互作用和合作。然而，现有的基于博弈论的激励机制方面的研究大多集中于移动边缘计算的资源分配问题，而不是车联网中的多跳通信的激励问题。

5.3 强化学习

通常，当人们概述机器学习时，首先把机器学习分为监督学（Supervised Learning）和非监督学习（Unsupervised Learning）两大类。事实上还存在另一种类型的机器学习，即强化学习（Reinforcement Learning，RL）。监督学习使用标签数据作为输入，并预测结果，损失函数的反馈值起监督作用 [图5-2（a）]。无监督学习使用无标签的数据作为输入，并检测数据中的隐藏模式，没有监督学习那样的反馈机制 [图5-2（b）]。然而，强化学习通过与外部环境的交互来收集输入数据和接受反馈。它通过与外部环境的互动，确定最优动作 [图5-2（c）]。不同于典型的机器学习所能解决的问题（如分类、回归、聚类等），强化学习更适合解决真实世界中的控制类和预测性决策类问题，包括无人机和自动驾驶、机器人导航、投资管理、交易决策、游戏决策（围棋、象棋、电竞）等。常用的强化学习算法如表5-1所示，包括有模型和无模型两大类。由于现实环境是复杂多变的，难以建立简单模型来准确描述，多数属于无模型控制问题，所以人们通常所指的强化学习算法大部分集中于解决无模型控制类问题（在表5-1中的右下角）。强化学习与监督学习不同，它不需要有标签的输入数据，也不需要明确地纠正次优操作，其主要思想是在探索（exploration）和利用（exploitation）之间寻求均衡点。强化学习模型的基本思想和要素如图 5 – 3 所示。智能体（Agent）是指基于奖励和惩罚做出决策的个体；环境（Environment）是指智能体交互的物理环境；状态（State）是指智能体所处的现状；动作（Action）是指智能体在某种状态下采取的某种行动；奖励（Reward）是指环境给智能体的反馈。智能体执行某个动作，从一种状态转移到另一种状态，环境反馈给智能体奖励，智能体在新的状态下执行下一个动作，继续递归交互。

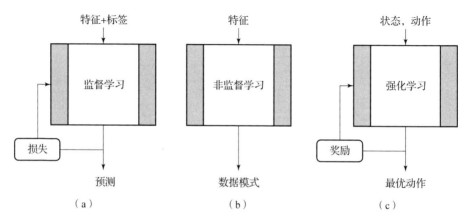

图 5 – 2　3 种类型的机器学习

表 5 – 1　常用强化学习算法

类型	预测性决策类	控制类
有模型强化学习	Dynamic Programming Policy Evaluation	Dynamic Programming Value Iteration Dynamic Programming Policy Iteration
无模型强化学习	Monte Carlo Prediction Temporal Difference TD（0） TD（λ）Backward	Monte Carlo Control Sarsa Sarsa Backward Q – Learning Deep Q – Networks Policy Gradient Actor Critic

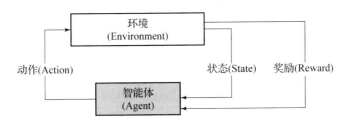

图 5-3 强化学习模型的基本思想和要素

5.3.1 Q-学习

Q-学习算法是 1989 年由 WATKINS C[135]提出的一种无模型的（model-free）、离线策略的（off-policy）强化学习算法，可以在当前状态下找到下一个最佳行为，使反馈奖励最大化。如表 5-2 所示，Q-学习算法是基于状态和行为的查表方式（Q-表）的强化学习算法。对于任何有限马尔科夫决策过程（Finite Markov Decision Process，FMDP），Q-学习通过从当前状态开始对所有连续步骤中的最大化期望进行奖励，找到最优策略[136]。

表 5-2 无模型强化学习算法关系对比

	类型	输出	计算频率	计算深度	更新方式
预测性决策类	Monte Carlo Prediction	State Value	Episode	Episode	Return Error
	TD(0)	State Value	One	One	TD Error
	TD(λ)	State Value	One	N	TD Error with weighted Returns
控制类	Monte Carlo Control	State Action Value	Episode	Episode	Return Error
	Sarsa(TD Control)	State Action Value	One	One	TD Error
	Sarsa(λ)	State Action Value	One	N	TD Error with weighted Returns
	Q-Learning	State Action Value	One	One	TD-max Error
	Deep Q-Networks	State Action Value	One	One	TD-max Error
	Policy Gradient	Policy	Episode	Episode	Return-based Loss
	Actor Critic	Policy	N	One	Advantage-based Loss

Q-学习算法使用以状态为行、以动作为列的表格（Q-表）。Q-表的每个单元格存储对应的状态和动作的 Q-值。通常，在 Q-学习算法中，Q-表初始化为全0。当智能体与环境交互并获得反馈时，Q-学习算法利用式（5.1）迭代更新 Q-值，直到收敛到最优的 Q-值。

$$Q(s_t,a_t) \leftarrow \underbrace{(1-\alpha) \cdot Q(s_t,a_t)}_{\text{旧值}} + \underbrace{\alpha}_{\text{学习率}} \cdot [\underbrace{r_t}_{\text{即时奖励}} + \underbrace{\gamma}_{\text{折扣因子}} \cdot \overbrace{\underbrace{\max_a Q(s_{t+1},a)}_{\text{最优估值}}}^{\text{学习值}}]$$

(5.1)

从式（5.1）看出，新的 Q-值由两部分之和构成。第一部分为：(1-学习率)×旧值。它表示新 Q-值中保留旧值的比率。其中，学习率（0≤α≤1）为0表示不学习任何新的信息，保持旧值。第二部分为：学习率×（行动的即时奖励+折扣的最优估值）。新 Q-值为从即时奖励和折扣后的最优估值之和中学习的比率。折扣因子（0≤γ≤1）决定未来奖励的重要性。当折扣因子为0时，表示只考虑即时奖励而不考虑未来奖励。当折扣因子为1时，全部未来奖励都被考虑。另外，Q-学习算法作为无模型强化学习算法，主要依赖反复试错（trial-and-error）寻求最优策略。智能体可以通过选择一个从未尝试过的动作（探索），获得更多关于环境的信息，或者基于自己对环境的先验知识选择奖励最大的动作（利用）。为了避免智能体拘泥于次优策略，利用式（5.2）获取均衡，也称作 ε-Greedy 策略。

$$\text{Action} = \begin{cases} \max_a Q(s,a), & r > \varepsilon (\text{利用}) \\ \text{Random } a, & r \leq \varepsilon (\text{探索}) \end{cases}$$

(5.2)

5.3.2　Q-学习的优、缺点

由于 Q-学习是强化学习的一个子集，所以它不仅有传统强化学习的优点，也有其自身的优、缺点。

1. 优点

（1）Q-学习模式是最接近人类的学习模式，因此可以解决无法建模或很难通过建模解决的复杂问题。

（2）Q-学习能够保持长期变化，因此可以达到传统技术无法达到的长期性效果。

（3）Q-学习不依赖只有大规模数据集才能训练出来的模型，它在与环境交互的过程中在线学习，因此更适合应用于动态多变的环境。

（4）Q-学习是目标驱动型学习方式，可用于具有明确目标的任务，包括机器人或自动驾驶领域。

2. 缺点

（1）由于Q-学习利用Q-表存储每个Q-值，所以当状态或动作数量太大时，容易导致Q-表的维度灾难。

（2）在Q-学习算法中，奖励的定义具有挑战性。它通常由算法设计者给出或手工调整。奖励函数必须坚持准确的目标，否则就会有过拟合的风险，也可能陷入局部最优[137]。

5.3.3 引入Q-学习算法的理由

Q-学习算法是无模型的、离线策略的强化学习算法。Q-学习算法能使智能体根据当前环境状态找到下一个最佳行为动作。本书采用Q-学习算法的主要理由如下。

首先，车联网通信环境是动态变化的复杂环境，难以获取准确环境数据，也无法精确地用数学模型描述。然而，利用Q-学习算法，车辆节点（智能体）可以通过不断地与环境进行试错性交互来了解周围环境（邻居节点的移动性、链路质量、计算能力）特征，最大化期望受益。

其次，Q-学习算法可以实现车联网激励机制的分布式解决方案。在车联网中，由于通信范围受限和数据体量庞大，所以难以实现单节点统筹全网信息的集中式架构。分布式方案更容易满足交通信息的局部性要求。例如，在交通安全类应用中，A区域发生的交通事故大概率与其相隔远距离的B区域无关。

再次，在车联网通信中，节点的数据传输任务主要包括：发送

(send)、接收(receive)、转发(forward)以及丢弃(drop)。因此,车辆节点(智能体)的动作空间向量非常有限。另外,本书采用了模糊逻辑理论,综合评定节点状态,从而降低了状态空间向量的维度,因此可以避免Q-学习算法可能引发的维度灾难。

最后,本书通过博弈论,对Q-学习奖励(reward)进行分布式动态调整,因此可以避免手动调整奖励函数的烦琐任务,同时提高Q-学习策略的动态适应性。

5.4 基于Q-学习的自私节点激励机制

在充满不确定性(车辆快速行驶、网络拓扑结构动态变化、无线链路不稳定)的车联网环境中,为了有效激励自私节点参与多跳数据转发,从而提升网络性能,本书提出了一种基于模糊逻辑评估的Q-学习激励机制。该机制主要由两大模块组成,即模糊逻辑评估模块和Q-学习激励模块,系统框架如图5-4所示。

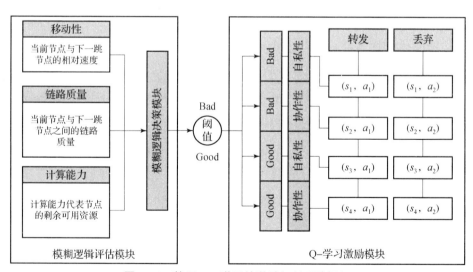

图5-4 基于Q-学习的激励机制系统框架

车联网环境的动态性引起很多车辆节点行为决策(例如转发或丢弃数据包)不确定性问题。模糊逻辑评估模块综合考虑了节点的移动性、链路质量和剩余可用资源①，评估节点的当时环境状态。Q-学习激励模块接收模糊逻辑评估模块的输出结果，作为自己的输入参数，进一步对节点的环境状态进行分类，根据奖励值确定节点的下一个行为动作。其中，奖励值由本书提出的多跳通信联合博弈模型确定。

＊本节的研究对象仍是第3.2节中定义的type-2型动态自私节点。

5.4.1 多跳通信联合博弈模型

博弈论[138-141]是应用数学的一个分支，用于分析多个决策者（参与者）之间的战略互动。这些决策者合作或竞争地采取可能导致冲突后果的理性行为。在高度动态和不稳定的环境中，博弈论提供能使多个目标冲突的参与者以合作获得最大化共同利益或以竞争获得有限资源的数学模型，从而达到分布式决策优化的目的[142]。

车联网的高移动性、不稳定的拓扑结构和资源受限（例如通信带宽）等特点给智能设备（例如车辆、RSU）的决策过程带来了挑战。因此，智能设备不得不在冲突的目标之间做出权衡决策。例如，车辆节点应该在自私性地争夺有限资源和合作性地参与数据转发之间做出权衡决策。此外，博弈论方法已被认为是未来协作通信领域中最具有前景的分布式优化方案[143]。

正如本书第1.3.3小节所述，多跳通信是支撑车联网通信的主要数据传输方式。在多跳通信中，只有所有中继节点参与转发（协作），数据包才能从源节点传输至目的节点（共同的目的）。因此，车联网中的多跳传输可以被建立成联合博弈模型。

图5-5所示为两个参与者的数据包转发联合博弈模型。在该模型中，源节点src发送数据给目标节点dst，需要节点p1和p2协助转发才能完成多跳数据传输。因此，p1和p2中继节点作为参与者，构成多跳通信联合博弈。为了更清晰地描述多跳通信联合博弈，表5-3列出了一个简单的

---

① 本文使用车辆的剩余计算能力（移动设备的最核心资源）来表示车辆的整体剩余可用资源。

效益矩阵，括号中的第一个值表示参与者 p1 的受益，第二个值表示参与者 p2 的受益。其中，F 表示转发数据包；D 表示丢弃数据包；$C \in (0,1]$ 表示参与者转发源节点 src 的数据包时付出的成本。如果两个参与者 p1 和 p2 都转发数据包，那么两个参与者各受益 1。在该博弈中，策略（F，F）和（D，D）都能达到纳什均衡，但是只有（F，F）策略才是帕累托最优。在该博弈的扩展式（extensive-form）中，如果前一个参与者选择策略 D，其后的参与者的策略与结果无关。因此，由逆向归纳法得出的结论也是（F，F）为帕累托最优[143]。换言之，在该模型中，参与者均转发数据包才能达到本次博弈的帕累托最优。

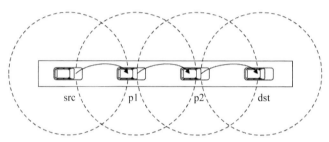

图 5-5　两个参与者的数据包转发联合博弈模型

表 5-3　效益矩阵示例

—	p2：F	p2：D
p1：F	(1-C, 1-C)	(-C, 0)
p1：D	(0, 0)	(0, 0)

本书提出的多跳通信联合博弈定义为 $G = (\mathcal{N}, S, \mathcal{U})$。

（1）参与者（$\mathcal{N}$）：参与多跳通信的所有节点集合是参与者集合。表示为 $\mathcal{N} = 1, \cdots, N$。

（2）策略（S）：每个参与者根据当前状态有两种策略，即转发（F）或丢弃（D）。发送者的数据包。

（3）纯策略空间表示为 $S = S_1 \times \cdots \times S_{|\mathcal{N}|}$，$|\mathcal{N}|$ 为 $\mathcal{N}$ 的基数。S_i（$i \in \mathcal{N}$）表示参与者 i 的策略空间。以 $\sigma_i(S_i)$ 表示参与者 i 的混合策略，简记为 σ_i。它是 $S_i \in S_i$ 的概率分布函数。

(4) 效用（U）：由于网络中无法预知将发生多少次数据转发任务，所以可以假设博弈 G 为一种无限折扣博弈（重复博弈）。参与者 i 的归一化总收益可由式（5.3）表示。其中，$u_i(t,\sigma_i,r)$ 为参与者 i 在 t 阶段的路径 r 上的受益。$\delta \in (0,1)$ 为折扣因子（本书中 $\delta = 0.9$）。该受益进一步可由归一化的路径吞吐量表示，如式（5.4）所示。其中，$d_k(t,\sigma_i,r)$ 为路径 r 上第 k 个中继节点在 t 阶段的动态自私性。

$$u_i = (1-\delta)\cdot\sum_{t=0}^{\infty}u_i(t,\sigma_i,r)\cdot\delta^t \tag{5.3}$$

$$u_i(t,\sigma_i,r) = \prod_{k=1}^{i}d_k(t,\sigma_i,r) \tag{5.4}$$

5.4.2 模糊逻辑评估模块

模糊逻辑评估模块的主要功能是利用模糊逻辑，综合考虑移动性因子（Mobility Factor，MF）、链路质量因子（Link Quality Factor，LQF）和计算能力因子（Computing Power Factor，CPF），对当前的节点状态进行估计。其过程包括以下 4 个步骤。第一步，每个节点利用 hello 消息，计算在其单跳通信范围内其他节点（邻居节点）的以上 3 个影响因子。第二步，利用预定义的隶属函数将这 3 个因子转换为模糊值，并根据预定义的模糊规则计算出最终的模糊值（模糊化）。第三步，根据输出隶属函数将模糊值进一步转换为数值（清晰化）。第四步，根据最终的输出值，将节点的状态分为"Good"和"Bad"两种。

1. 影响因子计算

本书假设每辆车都配备了 GPS，节点能够实时获取自身的位置和速度信息。计算移动性因子和链路质量因子所需的信息可由节点间互相交换的 hello 消息获取。计算能力因子可由节点 CPU 的空闲状态确定。

1）移动性因子计算

由于车联网中车辆移动速度快，节点之间的相对距离动态变化，所以当前节点与下一跳节点的相对距离和相对速度越小，它们之间的通信性能越稳定；反之，它们之间的通信性能越不稳定，容易产生丢包现象，从而影响自私节点的检测和激励机制的有效性。为了量化节点间距离对通信性能的影响,进行 ping 测试,其参数设置如表 5-4 所示,测试结果如图 5-6 所示。测试结果显示,当两个节点之间的距离大于 200 m 时,丢包率急剧升高,当两个节点之间的距离大于 500 m 时,ping 数据包几乎全部丢失。因此,本书中,当节点 x 需要转发数据包给节点 m 时,以式(5.5)计算节点的移动性因子。

表 5-4 ping 测试的参数设置

参数	值
MAC protocol	IEEE 802.11p
Radio band frequency	5.9 GHz
Bandwidth	10 MHz
Transmitter power	20 mW
Receiver sensitivity	-85 dBm
Receiver SNIR threshold	4 dB
Packet size	100 B
Radio path loss mode	Nakagami fading

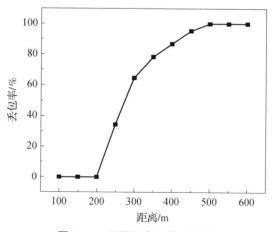

图 5-6 不同距离下的丢包率

$$\mathrm{MF}(x,m) = 1 - \frac{\sqrt{(X_x - M_x)^2 + (X_y - M_y)^2 + (X_z - M_z)^2}}{\mathrm{MTR}} \tag{5.5}$$

其中，(X_x, X_y, X_z) 和 (M_x, M_y, M_z) 表示当前节点 x 和下一跳节点 m 的三维坐标，MTR 为节点的最大传输距离。根据以上 ping 测试的结果，本书设定 MTR 为 500 m。$\mathrm{MF}(x,m)$ 值越大，说明当前节点 x 和下一跳节点 m 的相对距离越远，对数据传输可靠性的影响越大。每次收到 hello 消息时，基于指数加权移动平均，对 MF 进行更新，更新方法如式（5.6）所示。

$$\mathrm{MF}_i(x,m) \leftarrow (1-\alpha) \cdot \mathrm{MF}_{i-1}(x,m) + \alpha \cdot \mathrm{MF}_i(x,m) \tag{5.6}$$

其中，$\mathrm{MF}_i(x,m)$ 和 $\mathrm{MF}_{i-1}(x,m)$ 分别表示当前和前一个 MF 值。所有节点的 MF 初始值为 1。根据相关文献[108]，本文设定 α 为 0.7。

2）链路质量因子计算

车联网中的每个节点统计来自邻居节点的 hello 消息数量，并根据该统计数据周期性地（hello 消息周期）计算 hello 消息接收率。网络层的 hello 消息接收率可以间接地反映无线链路质量。然而，由于在无线通信网络中，广播数据帧没有碰撞避免机制，所以 hello 消息可能丢失。因此，为了避免发生包冲突造成错误计算，采用 10 个 hello 消息周期的滑动窗口（采样间隔）。综合以上情况，依据最近 10 s（10 个 hello 周期）内收到的 hello 消息数量，在每次收到 hello 消息时更新 hello 消息接收率[式（5.7）]。

$$R(c,m) = \begin{cases} \dfrac{N_r(c,m)}{N_s(m)}, & N_s(m) \geqslant 10 \\ \dfrac{N_r(c,m)}{N_s(m)} \cdot [\varepsilon(N_s(m))], & \text{其他} \end{cases} \tag{5.7}$$

其中，$N_r(c,x)$ 表示当前节点 c 从节点 x 收到的 hello 消息个数；$N_s(x)$ 是节点 x 广播的所有 hello 消息个数；$\varepsilon(\cdot)$ 是为了避免发生节点广播的 hello 消息过少（少于 10）造成过高估算所引入的折扣函数。本书采用的具体折扣函数为 $\varepsilon(x) = 1 - \left(\dfrac{1}{2}\right)^{N_s(x)}$。链路质量因子由式（5.8）计算可得。$\mathrm{LQF}_{i-1}(c,x)$ 的初始值为 0，β 为 0.7。LQF 值越大，表明无线链路越稳定。

$$\mathrm{LQF}_i(c,m) \leftarrow (1-\beta) \cdot \mathrm{LQF}_{i-1}(c,m) + \beta \cdot R_i(c,m) \quad (5.8)$$

3）计算能力因子计算

相对于内存、存储空间、带宽等，节点的 CPU 计算能力是最宝贵的本地资源。因此，CPF 可以大致表示一个节点的剩余可用资源。当前节点 c 的 CPF 由式（5.9）计算可得。其中，$f(c)$ 和 $f(c,\max)$ 分别表示当前节点 c 的已占用 CPU 频率和最高 CPU 频率。CPF 值越大，表示该节点目前空闲资源越充足。

$$\mathrm{CPF}(c) = 1 - \frac{f(c)}{f(c,\max)} \quad (5.9)$$

2. 模糊化

模糊化是将作为输入的数值参数通过隶属函数转换成模糊变量的过程。图 5-7 所示为 MF、LQF 以及 CPF 的隶属函数。MF、LQF 以及 CPF 的语言变量分别为 {Unstable, Medium, Stable}，{Weak, Medium, Strong}

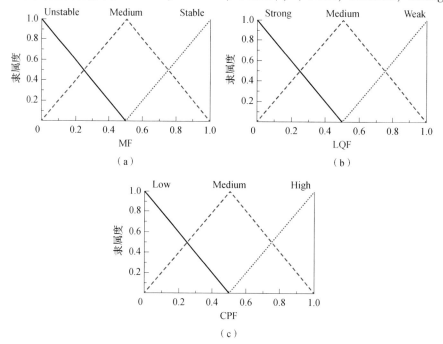

图 5-7　MF、LQF 和 CPF 的隶属函数

（a）MF 的隶属函数；（b）LQF 的隶属函数；（c）CPF 的隶属函数

和{Low，Medium，High}。根据 MF，LQF 以及 CPF 的模糊值,基于"IF - THEN"规则估计当前节点的状态。模糊控制规则库如表 5 - 5 所示。节点状态的语言变量定义为{Perfect，Good，Acceptable，Unpreferable，Bad，VeryBad}。如果多个规则同时满足条件,则使用 Min - Max 方法对它们的评价结果进行合成。以模糊控制规则库的第一条为例:如果 (IF) CPF 是 High 并且 MF 是 Stable 并且 LQF 是 Strong,那么(THEN) State 是 Perfect。

表 5 - 5 模糊控制规则库

—	CPF	MF	LQF	State
Rule - 1	High	Stable	Strong	Perfect
Rule - 2	High	Stable	Medium	Good
Rule - 3	High	Stable	Weak	Unpreferable
Rule - 4	High	Medium	Strong	Good
Rule - 5	High	Medium	Medium	Acceptable
Rule - 6	High	Medium	Weak	Bad
Rule - 7	High	Unstable	Strong	Unpreferable
Rule - 8	High	Unstable	Medium	Bad
Rule - 9	High	Unstable	Weak	VeryBad
Rule - 10	Medium	Stable	Strong	Good
Rule - 11	Medium	Stable	Medium	Acceptable
Rule - 12	Medium	Stable	Weak	Bad
Rule - 13	Medium	Medium	Strong	Acceptable
Rule - 14	Medium	Medium	Medium	Unpreferable
Rule - 15	Medium	Medium	Weak	Bad
Rule - 16	Medium	Unstable	Strong	Bad

续表

—	CPF	MF	LQF	State
Rule - 17	Medium	Unstable	Medium	Bad
Rule - 18	Medium	Unstable	Weak	VeryBad
Rule - 19	Low	Stable	Strong	Unpreferable
Rule - 20	Low	Stable	Medium	Bad
Rule - 21	Low	Stable	Weak	VeryBad
Rule - 22	Low	Medium	Strong	Bad
Rule - 23	Low	Medium	Medium	Bad
Rule - 24	Low	Medium	Weak	VeryBad
Rule - 25	Low	Unstable	Strong	Bad
Rule - 26	Low	Unstable	Medium	VeryBad
Rule - 27	Low	Unstable	Weak	VeryBad

3. 清晰化

最后进行清晰化，根据输出隶属函数（图 5-8）和相应的隶属度，将模糊变量转换成数值结果。本书采用面积中心法[109]。多边形的面积由式（5.10）计算可得，其中心由式（5.11）计算可得。$\{x_i, y_i\}_{i=0}^{N-1} \in \mathbb{R}$ 代表顶点按逆时针排列的平面封闭的多边形。式（5.11）中，A 代表多边形的面积；c_x 和 c_y 分别表示中心点的横坐标和纵坐标。基于以上过程，模糊逻辑决策模块给出节点当前状态的评估值。清晰化中采用的面积中心法与第 4.4.4 小节相同，这里不再赘述。

$$A = \frac{1}{2} \sum_{i=0}^{N-1} (x_i y_{i+1} - x_{i+1} y_i) \quad (5.10)$$

$$c_x = \frac{1}{6A} \sum_{i=0}^{N-1} (x_i + x_{i+1})(x_i y_{i+1} - x_{i+1} y_i)$$

$$c_y = \frac{1}{6A} \sum_{i=0}^{N-1} (y_i + y_{i+1})(x_i y_{i+1} - x_{i+1} y_i) \quad (5.11)$$

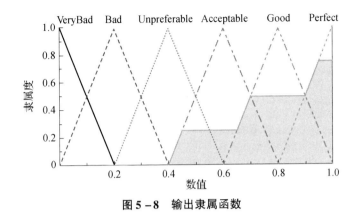

图 5-8 输出隶属函数

4. 节点状态分类

节点状态分类是模糊逻辑评估的最后一步。当节点接收到要转发的数据包时，根据清晰化处理的输出结果，估计当前节点的外部环境状态。如果输出值大于之前所有状态值的平均值，则当前节点状态被认定为"Good"，否则为"Bad"。该平均值是分类节点状态的阈值，由式（5.12）计算可得。其中，$\text{th}(c,N)$ 为当前节点 c 的第 N 状态分类阈值，$\text{OutPut}(i)$ 为第 i 个清晰化输出结果[①]。

$$\text{th}(c,N) = \frac{1}{N-1}\sum_{i=1}^{N-1}\text{OutPut}(i) \tag{5.12}$$

图 5-9 展示了 3 个影响因子之间的变化关系，即当某个因子固定为常量时（图中以 CPF=0.5 为例），在不同的 MF 和 LQF 下，模糊逻辑评估模块的输出值。从图中可以看出，输出值变化趋势平滑，说明该模块可以提供连续值评估策略。在实际应用中，通过调整模糊隶属函数和模糊控制规则库，使模糊逻辑评估策略适用于不同的场景。算法 5.1 列出了该模块的框架代码。由于参数优化类问题超出本书范围，所以对其不进行详细讨论。

---

① 当 $N=1$（首次计算状态分类阈值）时，以均匀分布概率随机决定节点状态是"Good"还是"Bad"。

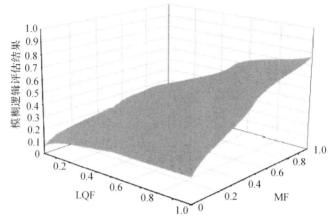

图 5-9 模糊逻辑评估结果

算法 5.1　模糊逻辑评估算法

```
 1: procedure Fuzzy Estimation (myID, nl, packet)  //nl 表示邻居节点列表
 2:     Initialize (int stage)                      //初始化模块参数
 3:     nhAddr ← packet. getNextHopAddr ( )
 4:     repeat                                      // triggered periodically
 5:         cpf ← CPF (myID)                        // 由式 (5.9) 计算
 6:         mf ← MF (nhAddr, nl)                    // 由式 (5.5) 计算
 7:         lqf ← LQF (nhAddr, nl)                  // 由式 (5.8) 计算
 8:         fuzzy ← Fuzzy (cpf, mf, lqf)
 9:         lvl ← LevelDecision (fuzzy)             // 由式 (5.12) 计算
10:         return lvl
11:     until 无事件发生
12: end procedure
```

5.4.3　Q-学习激励模块

Q-学习算法是一种无模型、非策略强化学习算法,它能使智能体在给定的状态下找到下一个最佳行动方案。在 Q-学习中,智能体为了最大限度地获取总奖励,通过重复试错方式与环境交互,学习行为策略。本书采用 Q-学习算法评估节点的行为,并通过正向奖励来激励节点转发数据包,这些奖励可以代表一定数量的虚拟货币、信用、代币等。

Q-学习激励模块的目的是激励自私节点转发数据包,协助多跳数据传输，从而提高车联网通信性能。为了实现这一目标，在 Q - 学习激励模块中，将多跳通信的中继节点间的关系建立成协作完成通信任务的联合博弈模型（详见第 5.4.1 小节）。Q - 学习模型以节点在联合博弈中可能获取的受益作为奖励，激励节点积极参与数据转发过程。

1. Q - 学习模型

为了通过实时评估节点当前状态，实现对自私中继节点的及时激励，本书定义了如下 Q - 学习模型。整个网络为 Q - 学习的环境（environment）。网络中的节点是 Q - 学习的智能体，它们通过模糊逻辑评估模块与环境交互。每个智能体的动作包括转发（F）或丢弃（D）本应该转发给下一跳节点的数据包。Q - 学习模型中的状态由智能体的内部和外部因素决定。内部因素包括"Selfish"和"Altruistic"，取决于由动态自私性的定义。外部因素包括"Good"和"Bad"，是模糊逻辑评估模块对外部环境做出的评价结果。每个节点维护一个 Q - 表。在表中，每个行和列对应的值表示状态 - 动作值，称为 Q - 值。Q - 值是当智能体在给定的状态 s 下执行动作 a 时可能获得的未来奖励的期望值，表示为 $Q(s,a)(s \in S, a \in A)$。

2. Q - 表的更新

Q - 学习算法是智能体通过不断地与环境交互和重复试错，寻找最优策略的过程。随着 Q - 学习算法的迭代过程，Q - 表需要实时更新。网络中的每个节点都维护一个 Q - 表，存储相应的 Q - 值。最初，Q - 表被初始化为全 0。每当节点收到需要转发的数据包时，就根据式（5.13）更新 Q - 表。其中，$Q(s_t, a_t)$ 是节点在 t 阶段的 Q - 值，而 $Q(s_{t+1}, a_{t+1})$ 是节点在 $t+1$ 阶段的 Q - 值，$\alpha(0 \leq \alpha \leq 1)$ 是学习率（$\alpha = 0.8$），$\max 1_a Q(s_{t+1}, a)$ 是 s_{t+1} 状态下所有可能动作中最大的 Q - 值，γ 是折扣因子（$\gamma = 0.7$），$U(s_t, a_t)$ 是当前状态下当前动作的即时收益。$U(s_t, a_t)$ 的值由预定义的收益表获取。该收益表由基于博弈论的奖惩模型更新。另外，为了均衡探索和利用，每个智能体引入了 ε - Greedy 方法（$\varepsilon = 0.3$），如式（5.2）所示。算法 5.2 显示了本书提出的 Q - 学习模型。

$$Q(s_t,a_t) \leftarrow (1-\alpha) \cdot Q(s_t,a_t) + \alpha \cdot [\mathcal{U}(s_t,a_t) + \gamma \cdot \max 1_a Q(s_{t+1},a) - Q(s_t,a_t)] \tag{5.13}$$

```
算法 5.2   Q-学习激励机制算法

 1: procedure Q-Incentive (lvl, selfishness) //
 2:     Initialize (int stage)                    //初始化模块参数
 3:     Init_QT(num_s, num_a)                     //初始化 Q-表
 4:     Init_UR(num_s, num_a)                     //初始化收益表
 5:     repeat
 6:         s←getState(lvl, selfisheness)
 7:         r←random( )
 8:         If r > ε then
 9:             a←max Q(st+1, at+1)
10:         else
11:             a←random( )
12:         end if
13:         UpdateQT (s, a)                       //根据式 (5.13) 更新 Q-表
14:         UpdateUR (s, a)                       //根据式 (5.3) 更新收益表
15:     until 无事件发生
16: end procedure
```

5.4.4 Q-表更新示例

Q-表的更新是 Q-学习算法的核心部分。为了更直观地展示本书提出的基于 Q-学习的激励机制的运作过程，下面用简单的 Q-表更新示例做具体介绍。

首先，如图 5-10 所示，数据包从源节点 src 传输到目的节点 dst。在数据传输路径中（即路由路径）存在两个中继节点：p1 和 p2。从 src 发送的数据包必须依靠 p1 和 p2 的转发才能到达 dst。如上文所介绍的，节点 p1 和 p2 形成多跳数据转发联合博弈。为了描述清楚节点 p1 和 p2 的 Q-表更新过程，做出如下假设。

（1）源节点 src 发送 10 个数据包给目标节点 dst。

（2）中继节点 p1 和 p2 均为 type-2 型动态自私节点，其自私性阈值为 80%。

（3）中继节点 p1 和 p2 对于 10 个数据包的自私行为分别为 {S,A,S,S,A,S,S,S,A,S} 和 {S,S,A,S,S,S,A,S,S,S}，其中 S 代表自私（Selfish），A 代表协作（Altruistic）。

（4）数据包到达 p1 和 p2 时，模糊逻辑评估模块的输出状态分别为 {B,B,G,G,G,B,G,G,B,B} 和 {G,G,B,B,B,G,G,B,G,B}，其中 B 代表 "Bad"，G 代表 "Good"。

（5）节点 p1 和 p2 的初始 Q-表为全 0。

（6）不采用 ε-Greedy 方法（即 ε = 0）。

（7）R 表（reward table）如表 5-6 所示。其中，F 代表转发数据包；D 代表丢弃数据包；BS 表示节点的当前状态是 "Bad" 并且自私；BA 表示节点的当前状态是 "Bad" 并且协作；GS 表示节点的当前状态是 "Good" 并且自私；GA 表示节点的当前状态是 "Good" 并且协作。因为本小节重点介绍 Q-表的更新过程，所以 R 表取固定值。在实际仿真试验中，R 表的取值取根据联合博弈的效益函数动态变化

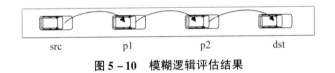

图 5-10 模糊逻辑评估结果

表 5-6 Q-学习激励模型的 R 表

状态\动作	F	D
BS	10	-10
BA	10	-10
GS	5	-20
GA	5	-20

本示例中，假设源节点 src 发送 10 个数据包（pkt[0]~pkt[9]）给目的节点 dst。由于 dst 不在 src 的通信范围内，所以需要中继节点 p1 和 p2 的转发才能把数据包成功传输到 dst。在此过程中，p1 和 p2 的 Q-表动态更新，更新过程分别如表 5-7 和表 5-8 所示。

表 5-7 参与者 p1 的 Q-表更新示例

状态/动作	R		pkt[0]		pkt[1]		pkt[2]		pkt[3]		pkt[4]		pkt[5]		pkt[6]		pkt[7]		pkt[8]		pkt[9]	
	F	D	F	D	F	D	F	D	F	D	F	D	F	D	F	D	F	D	F	D	F	D
BS	10	-10	0	-8	0	-8	0	-8	0	-8	0	-8	8	-8	8	-8	8	-8	8	-8	8.8	-8
BA	10	-10	0	0	8	0	0	0	8	0	8	8	8	8	8	0	8	0	8	0	8.8	0
GS	5	-20	0	0	0	0	0	-16	0	-16	4	-16	4	-16	4.4	-16	4.16	-16	4.16	-16	4.16	-16
GA	5	-20	0	0	0	0	0	0	0	0	4	0	4	0	4	0	4	0	4	0	4	0

表 5-8 参与者 p2 的 Q-表更新示例

状态/动作	R		pkt[0]		pkt[1]		pkt[2]		pkt[3]		pkt[4]		pkt[5]		pkt[6]		pkt[7]		pkt[8]		pkt[9]	
	F	D	F	D	F	D	F	D	F	D	F	D	F	D	F	D	F	D	F	D	F	D
BS	10	0	0	0	0	0	0	0	8	0	8.8	0	8.8	0	8.8	0	8.33	0	8.33	0	8.602	0
BA	10	0	0	0	0	0	0	0	0	0	0	0	0	0	0	0	0	0	0	0	0	0
GS	5	0	0	0	0	0	4	0	4	0	4	0	4.4	0	4.4	0	4.4	0	4.16	0	4.16	0
GA	5	0	0	0	0	0	0	0	0	0	0	0	0	0	0	0	0	0	0	0	0	0

首先，p1 收到 src 发送的 pkt[0] 数据包。由于 p1 的当前状态是 BS，并且当前 Q-表中对应 BS 的 Q-值均为零（初始 Q-表为全 0），所以选择 D 动作。根据 Q-表更新式（5.13），算出新的 Q-值为 -8。其次，p1 收到 src 发送的 pkt[1] 数据包。由于 p1 的当前状态是 BA，并且当前 Q-表中对应 BA 的 Q-值均为 0，所以选择 F 动作。根据 Q-表更新式（5.13），算出新的 Q-值为 8。同样，当 p1 收到 pkt[2] 数据包时，更新相应的 Q-值为 -16。然而，当 p1 收到 pkt[3] 数据包时，相应的 Q-值有 0 和 -16。根据 Q-学习算法，选取最大值 $0(\max\{0,-16\})$，相应动作为 F（转发）。依此类推，可得到表 5-7 所示的 Q-表数据。然而，只有 p1 转发了数据包，p2 才有机会转发或丢弃数据包，并且根据本书提出的多跳数据传输联合博弈模型，只有 p2 转发 p1 转发的数据包，才能最大化总期望受益。因此，中继节点 p2 的 Q-表更新过程如表 5-8 所示。

在本示例中，p1 和 p2 均转发了 8 个数据包，丢弃了 2 个数据包。如果未引入激励机制，按照以上假设，p1 最多转发 3 个数据包，丢弃 7 个数据包；p2 应该转发 0 个数据包，丢弃 3 个数据包（因为 p1 转发 3 个数据包，此时的 p2 恰好是自私节点，所以丢弃而不转发）。因此，本示例也在一定程度上验证了本书提出的激励机制的有效性。具体的性能评价在第 5.5 节"仿真试验"中详细介绍。

5.5 仿真试验

为了验证和评价本书提出的激励机制的通信效率、激励效率、通信开销等性能指标，进行计算机仿真试验。本节主要从评价指标、仿真环境、试验结果等方面进行具体介绍和讨论。

5.5.1 评价指标

为了评价本书提出的激励机制对车联网通信性能的提升和对自私节点的激励效果，通过仿真试验对比了平均包到达率、平均端到端延时以及平均吞吐量 3 个通用评价指标。

1. 平均包到达率

平均包到达率是指网络中所有成功到达目的节点的数据包数量占所有源节点发送的数据包总数的百分比，其具体计算方法见式（5.14）。其中，n 和 m 分别代表发送节点个数和成功接收到数据包节点个数；$P_s(x)$ 和 $P_r(x)$ 分别表示节点 x 发送的数据包个数和成功接收到的数据包个数。平均包到达率可以反映一个网络的整体连通性和通信稳定性，该指标越高说明网络节点间的连通性越好，通信越稳定。

$$\text{APDR} = \frac{\sum_{j=1}^{m} P_r(j)}{\sum_{i=1}^{n} P_s(i)} \times 100\% \tag{5.14}$$

2. 平均端到端延时

平均端到端延时是指所有成功到达目的节点的数据包生命期（从发送节点到目的节点所用时间）的平均值，由式（5.15）计算可得。其中，$T_s^i(x)$ 为节点 x 发送第 i 数据包时的时间；$T_r^i(x)$ 为节点 x 接收到第 i 数据包时的时间。平均端到端延时可以反映一个网络的整体数据传输延时。

$$\text{AE2ED} = \frac{\sum_{j=1}^{m} \sum_{i=1}^{P_r(j)} [T_r^j(i) - T_s^j(i)]}{\sum_{j=1}^{m} P_r(j)} \tag{5.15}$$

3. 平均吞吐量

本书中，吞吐量是指以成功送达的 UDP 数据包计算的平均传输速率。因此，平均吞吐量是指网络中所有成功到达目的节点的 UPD 数据包的平均传输速率，由式（5.16）计算可得。其中，N_r 为接收节点个数；T_{start} 和 T_{end} 分别代表网络进程的开始时间和结束时间；Pk_{size} 表示 UDP 数据包的大小。平均吞吐量指标反映一个网络的总体数据传输速率。

$$\text{AT} = \frac{1}{N_r} \sum_{i=1}^{N_r} \frac{P_r(i) \cdot Pk_{\text{size}}}{T_{\text{end}} - T_{\text{start}}} \tag{5.16}$$

5.5.2 仿真环境

为了验证本书提出的自私节点激励机制的有效性,在两种经典的交通路网场景(即高速路网场景和城市路网场景)下进行了仿真试验。两个路网场景是西安市交通路网的一部分,由 OpenStreetMap 生成。路网场景地图和结构如图 4-7 所示。高速路网场景由 1 条双方向四车道主干道和 6 条双向两车道分支道组成。城市路网场景由 11 个主要交叉路口和 1 个大型环岛组成。两个路网场景的主要区别是高速路网场景的车辆可行驶最大速度(限速)远高于城市路网场景;与城市路网场景相比,高速路网场景中坡道和十字路口较少,而且车辆密度低。

仿真平台采用 OMNeT++(v5.5.1)、INET Framework(v4.1.1)、SUMO(v1.2.0)和 Veins(v5.0)的集成平台。激励机制仿真环境配置参数和仿真车辆配置参数如表 5-9 和表 5-10 所示。

表 5-9 激励机制仿真环境配置参数

参数	值
Simulation time	1 000 s
Simulation area (highway)	8 km × 4 km
Simulation area (urban)	2.5 km × 2.5 km
Number of vehicles	Up to 100
Transmission range	1 000 m
Mobility	Vehicular mobility
Packet size	100 B
Packet rate	1 pkt/s
Routing protocol	AODV
Bit rate	2 Mbit/s
NIC	IEEE 802.11p
Radio propagation model	Constant speed propagation

续表

参数	值
Radio band frequency	5.9 GHz
Bandwidth	10 MHz
Transmitter power	20 mW
Receiver sensitivity	−85 dBm
Receiver SNIR threshold	4 dB
Ratio path loss type	Nakagami fading

表5−10 激励机制仿真车辆配置参数

参数	值
Length	5.0 m
Width	1.8 m
Height	1.5 m
Acceleration	highway：3.6 m/s^2；urban：2.6 m/s^2
Deceleration	highway：5.2 m/s^2；urban：4.5 m/s^2
Max speed	highway：27.8 m/s；urban：13.8 m/s
Min gap	highway：50 m；urban：2.5 m
Sigma	0（perfect driving）

5.5.3 试验结果

在仿真试验中，应用层部署了第3.4.2小节中介绍的UDP应用程序。为了避免随机性对仿真结果的负面影响，每一轮仿真以不同的随机种子执行了50次，并将其平均值作为最终试验结果，结果中的误差条的长度表示95%的置信区间。仿真试验对比了Proposed、Conventional和without−Incentive 3种算法的通信性能和激励效率。Proposed是指本书提出的Q−学习激励机制；Conventional是类似Proposed的传统方法，但不考虑节点的移动性、链路质量和剩余可利用资源等因素。without−Incentive是没有对自私节点进行任何激励措施的基线方法。

1. 通信性能评价

为了对比 Proposed、Conventional 和 without – Incentive 3 种算法在不同的车辆密度下的通信效率，在高速路网场景和城市路网场景中进行了性能测试。在仿真试验中，高速路网场景中的车辆总数从 20 辆增长至 100 辆，城市路网场景中的车辆总数从 40 辆增长至 160 辆。网络中的所有节点均预定为自私性为 80% 的 type – 2 型动态自私节点。仿真结果如图 5 – 11 和图 5 – 12 所示。

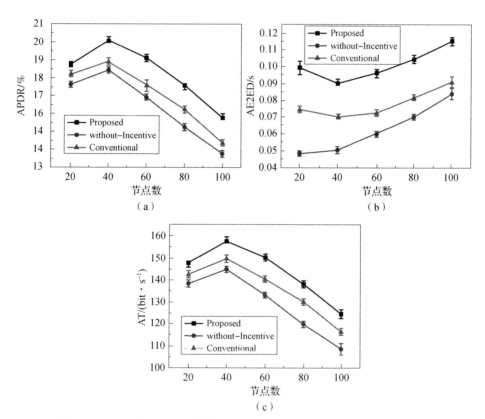

图 5 – 11 3 种算法在不同节点密度下的通信性能比较（高速路网场景）

无论在高速路网场景中还是在城市路网场景中，Conventional 算法的平均包到达率都比 without – Incentive 算法高，因为 Conventional 算法根据节点的数据转发行为，通过给予奖励的方式激励网络中的动态自私节点。然而，Proposed 算法的平均包到达率高于 Conventional 算法，其主要原因归

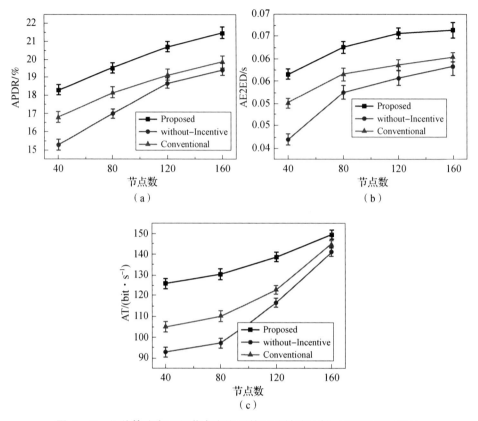

图 5-12 3 种算法在不同节点密度下的通信性能比较（城市路网场景）

结为模糊逻辑评估模块。由于模糊逻辑评估模块对节点周围的网络环境进行评估，并将结果传递给 Q-学习激励模块，所以 Q-学习激励模块能够对动态自私节点进行精准激励。但是，Conventional 算法不对节点的网络环境进行评估，单纯依据节点的转发与丢弃数据包行为给予奖励或惩罚。因此，Conventional 算法的奖惩策略不具备公平性，从而失去部分网络转发机会，造成资源浪费。

在两种场景中，Proposed 算法的平均吞吐量也大于其他两种算法，因为平均吞吐量与成功到达的数据包数量相关［参见式（5.16）］。换言之，平均包到达率越高，平均吞吐量就越大。

然而，无论在高速路网场景中还是在城市路网场景中，Proposed 算法的平均端到端延时比其他两种算法大，因为平均端到端延时只考虑了传输成功的数据包的传输时间［参见式（5.15）］。网络中有些数据包可能经过相对长的路由路径（跳数比较多），最终到达目的节点。此类数据包虽然提高了平均包到达率，但是它们又增大了平均端到端延时。在高速路网场景中，所有算法的通信性能随车辆数量的增加而降低，而在城市路网场景中它们的通信性能随车辆数量的增加而提高。虽然这一差异并不影响对本书所提算法效率的验证，但仍然有必要解释造成这种差异的原因。随着路网场景中车辆数量的增多，高速路网场景和城市路网场景中产生不同的车辆分布，这是造成两种场景的性能变化趋势不同的主要原因。在高速路网场景中，当节点从目的地列表中随机选择一个节点发送数据包时，目的地节点很可能是一个远端不可达（没有中间节点协助转发数据包）的节点，而且发生这种情况的概率随着网络中节点数量的增加而升高。与高速路网场景相比，城市路网场景中车辆分布更加均匀，使随机选择的目的地节点借助道路沿线的中间节点可达的可能性提高。此时，随着注入网络的车辆数量的增加，数据包可达的概率升高。

2. 激励效率评价

为了评估 Proposed 算法的激励效率，进行以下仿真试验。在由 20 个 type-2 型动态自私节点组成的高速路网场景中测试 UDP 应用程序。在不同程度的自私性（20%~80%）下，比较被转发和被丢弃的数据包数量。为了清楚地分析激励效率，图 5-13 展示了其中一个节点的试验结果。从图中可以看出，随着节点自私性的增加，Proposed 算法的转发包数增加，丢弃包数减少。这受益于 Q-学习激励模块。在该模块中，节点不断地学习周围环境，并以最大化长期期望的奖励为目的做出决策（丢弃或转发数据包）。相比之下，在没有激励机制的情况下（without-Incentive-Forward 和 without-Incentive-Drop），随着节点自私性的增加，转发包数量急剧减少，丢弃包数量增加。当节点的自私性低于 50% 时，丢弃包数量小于转发包数量。当节点的自私性高于 50% 时，丢弃包数量大于转发包数量。这是因为均匀概率分布决定了动态自私节点的自私性［参见式（3.1）］。另外，为了进一步分析 Proposed 算法中自私节点的行为，根据 Q-学习激励模块中智能体的状态,将自私节点转发和丢弃的数据包分为4类:Good-Selfish、Bad-Selfish、Good-Altruistic 和 Bad-Altruistic(图5-4)。图5-14所示不同自私性下 Proposed 算法转发和丢弃数据包数量对比。从图5-14中看出,自私节点转发的数据包数量(Good-Selfish 和 Bad-Selfish)随着节点自私性的增加而增多,这说明 Proposed 算法有效地激励了自私节点去转发数据包。在 Bad-Altruistic 情况下,自私节点丢弃的数据包的数量随着节点自私性的增加而减少,这验证了 Proposed 算法通过考虑节点的环境状况,尽可能地避免了错误奖励。

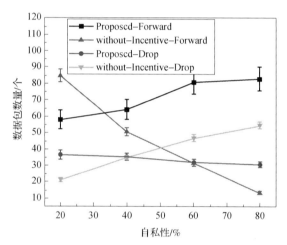

图5-13 不同自私性下被转发和被丢弃数据包数量对比

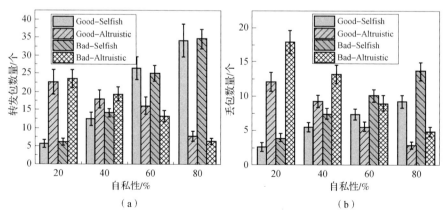

图5-14 不同自私性下 Proposed 算法转发和丢弃数据包数量对比

(a) 转发;(b) 丢弃

3. 通信开销评价

本书提出的自私节点激励机制通过 AODV 路由协议的 hello 消息来实现数据的采集。为了在分布式方式下获取激励机制所需的相关信息，本机制只在 hello 消息中添加了一些附加信息（字段）。表 5-11 所示为激励机制中带附加信息的 AODV 路由协议 hello 消息数据结构，包括字段名、数据类型及其长度。从表中看出，hello 消息的原始总长度为 122 B，附加字段总长度为 20 B。以上分析可以总结为，相比于现代无线网传输速率，本书提出的 Q-学习激励机制的通信开销是可接受的。另外，无论是自私节点的检测还是激励，通常考虑长远收益。因此，相比于本书提出的激励机制带来的通信性能提升，它的通信开销可以忽略不计。

表 5-11 激励机制中带附加信息的 AODV 路由协议 hello 消息数据结构

字段名	数据类型	长度/B	备注
Base class	AodvControlPacket	64	默认字段
packetType	int	4	默认字段
repairFlag	bool	1	默认字段
ackRequiredFlag	bool	1	默认字段
prefixSize	unsigned int	4	默认字段
hopCount	unsigned int	4	默认字段
destAddr	L3Address	16	默认字段
destSeqNum	unsigned int	4	默认字段
originatorAddr	L3Address	16	默认字段
lifeTime	simtime_t	8	默认字段
currentPosition	double	8	附加字段
currentVelocity	double	8	附加字段
senderID	int	4	附加字段

5.6　本章小结

基于上一章的自私节点检测方法，本章主要研究了车联网通信环境中自私节点的激励机制。车联网中的节点移动速度快、链路质量不稳定以及节点资源有限等特征导致协作性节点和自私节点难以分辨，因此传统激励机制很难或根本无法适用于车联网通信环境。针对以上问题，本章提出了基于Q-学习的分布式激励机制。首先，利用模糊逻辑对智能体的内部和外部因素进行综合评估，为Q-学习激励算法提供可靠的激励（奖惩）依据。内部因素包括"自私性"和"协作性"，由动态自私节点的定义决定。外部因素包括节点的计算能力、链路质量、移动性等。其次，通过博弈论与强化学习相结合，以模糊逻辑综合评估值为输入数据，鼓励自私节点执行转发任务，并给予相应的回报（奖励），从而在复杂的车联网通信环境中实现了分布式激励机制。最后，通过计算机仿真，验证了该激励机制能够有效地引导自私性中继节点转发数据包，完成多跳通信。本书提出的Q-学习激励机制能够在高速路网场景和城市路网场景中有效地提高通信性能和资源利用率。

第6章 后序

本书以车联网中的节点自私性为研究对象，以车联网的复杂特征为切入点，以自私节点如何影响网络性能、如何有效检测自私节点、如何激励自私节点以提高网络性能等问题为主线，进行了递进式研究。本书的主要工作总结如下。

（1）在 MANET 环境中，以移动节点的剩余能量作为引发自私行为的依据，从节点的移动模型、密度、自私节点的占比及其各种组合等角度，关于自私节点对网络性能的影响进行了量化分析。评价指标包括平均丢包率、平均往返延时以及平均吞吐量等能够评价 MANET 通信性能的典型指标。通过大量的仿真试验明确了 MANET 中基于能耗的自私节点的移动模型和自私节点占比对网络的丢包率和吞吐量更具危害性。另外，通过量化分析自私节点对网络性能的影响，得出如下结论：随着 MANET 中的自私节点数量不断增多，网络拓扑结构变化速度加快，不仅丢包率上升，导致发掘有效路由路径的时间变长，网络的平均往返延时随之变大。

（2）不同于 MANET，VANET 的移动模型更具有组织性，并且节点的移动速度更快。因此，本书进一步针对 VANET 环境进行了关于自私节点对网络性能影响的量化分析。首先，根据自私性特征，定义了静态和动态自私节点，并对比了它们对网络性能的影响程度。其次，将节点的移动模型分为两种，即单路线和多路线移动模型，使量化评价具有了局部性和全局性。仿真试验明确了静态自私节点对网络性能的影响比动态自私节点更显著；相比于多路线移动模型，单路线移动模型中自私节点更容易影响VANET性能。另外更重要的结论是，在VANET中，节点的高移动性和由其导致的无线链路不稳定是车联网通信中研究节点自私性的关键。这些结论对自私节点的精准检测和有效激励提供了可靠的参考依据。

（3）为了在车联网中更准确地检测出自私节点，本书提出了基于模糊逻辑的检测方法。针对车辆节点的移动速度快、网络拓扑结构频繁变化和通信链路不稳定等因素造成的自私节点隐蔽性问题，本书借助模糊逻辑理论，在综合评判节点的移动性、链路质量、MAC层和网络层行为等特性的基础上，进一步断定节点的自私性，较好地避免了盲目性决策带来的高误检率。另外，借助感知机制，对自私性决策结果进行了概率性优化。仿真试验验证了本书提出的检测方法在车联网环境中相比于其他基线算法更公平（低误检率）、更准确（高检测率），为精准激励提供了有效的检测方法。

（4）为了通过实现更精准的自私节点激励机制，充分挖掘潜在通信资源，提高车联网通信性能，本书提出了基于强化学习的激励机制。针对车联网中节点移动速度快、网络拓扑结构频繁变化、通信链路质量差等特征引起的丢包现象严重影响激励机制的精准性问题，本书结合博弈论、模糊逻辑理论和强化学习等方法，提高了激励效率。首先，在中继节点间建立了联合博弈模型，以此激励它们参与数据转发过程。其次，利用模糊逻辑理论，对节点的移动性、链路质量、计算能力等外部因素进行了综合评价，确定节点的通信环境状态。最后，借助Q-学习算法，引导节点做出最大化总期望收益的行为决策，达到激励自私节点的目的。仿真试验证实了本书提出的激励机制能够在可接受的通信开销下有效激励自私节点，较好地避免误惩罚和误奖励，提升网络通信性能。

未来，围绕车联网中节点自私性还可以开展如下几个方面的探索和研究。

（1）本书提出的 Q-学习激励机制引入了基于博弈论的奖励策略。该激励机制检测节点内外部状态，然后利用 Q-学习引导自私节点最大化期望收益。由于本书采用了最基本的定价策略，所以在此仍存在可提升的空间和可能性。未来利用经济学的定价理论，可设计更具体、更合理的定价策略，提升自私节点的激励效果，从而提升网络性能。

（2）在协同智能交通领域，车辆节点之间除了需要有效的激励机制之外，防御共谋、女巫等恶意攻击也是不可忽略的研究课题。动态的车辆轨迹、复杂的车辆间社会关系给防御攻击带来了巨大挑战，同时也带来了更多的可能性。

（3）本书提出的激励机制可作为一种基础模型应用于车联网的某个具体场景，例如基于激励机制的车联网计算卸载、基于激励机制的通信资源分配以及基于激励机制的车联网联邦学习（Vehicular Federated Learning）等。

下面以车联网联邦学习为背景，分享未来要开展的研究方向。联邦学习作为一种分布式机器学习技术，在不暴露用户原始数据的前提下，通过不同网络实体之间交互来训练模型，实现全局模型的有效建立，因此受到了工业界和学术界的广泛关注。典型的联邦学习体系结构由一个中心服务器和多个客户端组成，如图 6-1 所示。中心服务器首先将模型训练任务分发至客户端。客户端基于中心服务器的模型训练任务和本地数据集来训练模型。经过一段预定义的训练周期之后，客户端将训练后的模型上传至中心服务器。中心服务器将收集到的模型聚合，更新全局模型[144]。上述步骤经过多次迭代，直至全局模型精度达到预期范围，结束联邦学习的模型训练。联邦学习不仅有效地保护了客户端的数据隐私，还提升了通信效率。然而，联邦学习假设了所有客户端是合作性的（altruistic/cooperative）。该假设在现实中不一定成立，因为客户端用户是理性的（从个人利益出发），无主动意愿去无偿奉献自身资源。其原因如下。首先，车辆节点（车联网联邦学习中通常称为客户端）的资源有限。虽然汽车工业的发展迅速，车载算力设备和通信设备也不断升级，但是自动驾驶和智能交通应用对车载资源的需求也日益增大。因此，车辆节点的算力和通信资源仍属于紧缺资源。其次，虽然联邦学习架构在一定程度上保护客户端用户的隐私，但是现最新研究表明[145]，通过中间梯度可以推断出客户端本地数据的重要信息，恶意服务器可以通过生成对抗网络获取客户端训练数据的私人信息等。因此，车联网联邦学习系统需要引入激励机制，鼓励客户端用户积极参与模型训练，从而快速提升全局模型的精度。

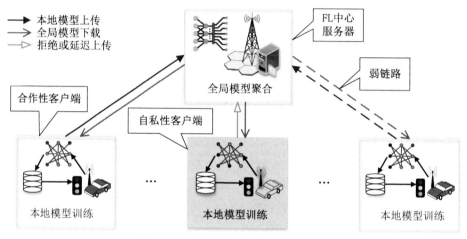

图 6-1 车辆联邦学习体系结构示意

基于激励机制的车联网联邦学习系统结构如图 6-2 所示。该系统拟采用博弈论激励方案，因为博弈论适用于分析多个非合作性节点的相互作用。在车联网联邦学习系统中，车辆与中心节点（例如基站、RSU）和车辆与车辆之间的相互作用可用博弈论建立模型，通过奖惩机制激励车辆节点参与联邦学习模型训练。由于车联网环境动态复杂，难以建立准确的车辆移动性、无线链路，以及异构性数学模型，所以可采用模糊逻辑来综合评价车辆节点的实时状态，从而减少激励机制的错误惩罚，提升激励的公平性和有效性。针对非共享决策，采用强化学习算法，从历史训练记录中学习系统状态，为激励机制的定价策略服务，最终实现客户端车辆和中心节点的自适应，达到公平有效的激励效果。

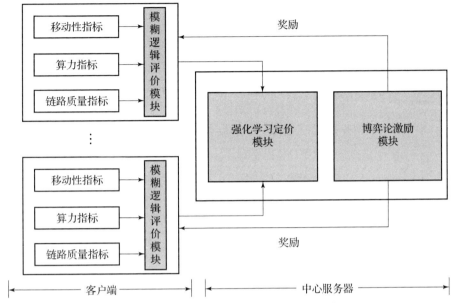

图 6-2 基于激励机制的车联网联邦学习系统结构

参考文献

［1］ 中共中央国务院. 交通强国建设纲要［A/OL］. 2019. http://www.gov.cn/zhengce/2019-09/19/content_5431432.htm.

［2］ KUUTTI S, BOWDEN R, JIN Y, et al. A survey of deep learning applications to autonomous vehicle control［J］. IEEE Transactions on Intelligent Transportation Systems, 2021, 22（2）: 712-733.

［3］ 国家统计局. 中华人民共和国2022年国民经济和社会发展统计公报［A/OL］. 2023. http://www.stats.gov.cn/sj/zxfb/202302/t20230228_1919011.html.

［4］ LOUDARI S E, BENAMAR N. Effects of selfishness on the energy consumption in opportunistic networks: A performance assessment［C］//2019 International Conference on Wireless Technologies, Embedded and Intelligent Systems（WITS）. 2019: 1-7.

［5］ XU L, LIN Z, YE A. Analysis and countermeasure of selfish node problem in mobile ad hoc network［C］//2006 10th International Conference on Computer Supported Cooperative Work in Design. Nanjing, China: IEEE, 2006: 1-4.

［6］ KAMPITAKI D G, KARAPISTOLI E D, ECONOMIDES A A. Evaluating selfishness impact on MANETs［C］//2014 International Conference on Telecommunications and Multimedia（TEMU）. Heraklion, Crete, Greece: IEEE, 2014: 64-68.

［7］ LI Y, SU G, WU D O, et al. The impact of node selfishness on multicasting in delay tolerant networks［J］. IEEE Transactions on Vehicular Technology, 2011, 60（5）: 2224-2238.

[8] CHAU C K, SIM K M. Analyzing the impact of selfish behaviors of internet users and operators [J]. IEEE Communications Letters, 2003, 7 (9): 463-465.

[9] SANKARESWARY P, SUGANTHI R, SUMATHI G. Impact of selfish nodes in multicast ad hoc on demand distance vector protocol [C]//2010 International Conference on Wireless Communication and Sensor Computing (ICWCSC). Chennai, Tamil Nadu, India: IEEE, 2010: 1-6.

[10] SZOTT S, KONORSKI J. Selfish attacks in two-hop IEEE 802.11 relay networks: Impact and countermeasures [J]. IEEE Wireless Communications Letters, 2018, 7 (4): 658-661.

[11] JIN Y, KESIDIS G, SHIN J, et al. Impacts of selfish behaviors on the scalability of hybrid client-server and peer-to-peer caching systems [J]. IEEE/ACM Transactions on Networking, 2015, 23 (6): 1818-1831.

[12] VAN DER HEIJDEN R W, DIETZEL S, LEINMuiLLER T, et al. Survey on misbehavior detection in cooperative intelligent transportation systems [J]. IEEE Communications Surveys Tutorials, 2019, 21 (1): 779-811.

[13] 任智, 谭永银, 李季碧, 等. 可靠的机会网络自私节点检测算法 [J]. 通信学报, 2016, 37 (3): 1-6.

[14] MARTI S, GIULI T J, LAI K, et al. Mitigating routing misbehavior in mobile ad hoc networks [C]//MobiCom' 00: Proceedings of the 6th Annual International Conference on Mobile Computing and Networking. New York, NY, USA: Association for Computing Machinery, 2000: 255-265.

[15] BUCHEGGER S, LE BOUDEC J Y. Performance analysis of the confidant protocol [C]//MobiHoc' 02: Proceedings of the 3rd ACM International Symposium on Mobile Ad Hoc Networking & Computing. New York, NY, USA: Association for Computing Machinery, 2002: 226-236.

[16] SERRAT-OLMOS M, HERNáNDEZ-ORALLO E, CANO J C, et al. A collaborative bayesian watchdog for detecting black holes in manets [M]. Intelligent Distributed Computing VI, 2013.

[17] HERNáNDEZ-ORALLO E, OLMOS M D S, CANO J C, et al. Cocowa: A collaborative contact-based watchdog for detecting selfish nodes [J]. IEEE Transactions on Mobile Computing, 2015, 14 (6): 1162-1175.

[18] BOUALOUACHE A, SOUA R, ENGEL T. Sdn-based misbehavior detection system for vehicular networks [C]//2020 IEEE 91st Vehicular Technology Conference (VTC2020-Spring). 2020: 1-5.

[19] WAHAB O A, OTROK H, MOURAD A. A cooperative watchdog model based on dempster-shafer for detecting misbehaving vehicles [J]. Computer Communications, 2014, 41.

[20] 赵建伟, 贾小珠, 袭文娟, 等. Ad Hoc 网络基于信誉机制的自私节点检测 [J]. 青岛大学学报, 2016, 29 (4): 64-68.

[21] 任智, 陈民华, 康健, 等. 结合概率路由的机会网络自私节点检测算法 [J]. 小型微型计算机系统, 2020, 41 (5): 1047-1025.

[22] BALAKRISHNAN K, DENG J, VARSHNEY V. Twoack: preventing selfishness in mobile ad hoc networks [C]//IEEE Wireless Communications and Networking Conference, 2005: volume 4. 2005: 2137-2142.

[23] SAYYAR S, KHAN A, ULLAH F, et al. Enhanced TWOACK based AODV Protocol for Intrusion Detection System [C]//2018 International Conference on Computing, Mathematics and Engineering Technologies (iCoMET). 2018: 1-4.

[24] 杜君, 李伟华, 张克旺, 等. 无线自组网络高准确度自私节点检测机制 [J]. 西安交通大学学报, 2010, 44 (8): 25-29.

[25] GROVER J, PRAJAPATI N K, LAXMI V, et al. Machine learning approach for multiple misbehavior detection in vanet [C]//International Conference: volume 192. 2011: 644-653.

［26］ SHARMA P, LIU H. A machine – learning – based data – centric misbehavior detection model for internet of vehicles［J］. IEEE Internet of Things Journal, 2021, 8（6）: 4991 – 4999.

［27］ XING R, SU Z, WANG Y. Intrusion detection in autonomous vehicular networks: A trust assessment and q – learning approach［C］//IEEE INFOCOM 2019 – IEEE Conference on Computer Communications Workshops （INFOCOM WKSHPS）. 2019: 79 – 83.

［28］ MATOUSEK M, YASSIN M, AL – MOMANI A, et al. Robust detection of anomalous driving behavior［C］//2018 IEEE 87th Vehicular Technology Conference（VTC Spring）. 2018: 1 – 5.

［29］ 陈波, 毛剑琳, 郭宁, 等. 基于 K – means 算法的无线传感器网络节点自私行为检测方法［J］. 系统仿真学报, 2014, 26（3）: 580 – 585.

［30］ WU C, GERLA M, VAN DER SCHAAR M. Social Norm Incentives for Network Coding in Manets［J］. IEEE/ACM Transactions on Networking, 2017, 25（3）: 1761 – 1774.

［31］ WANG Y, SU Z, ZHANG K, et al. Challenges and solutions in autonomous driving: A blockchain approach［J］. IEEE Network, 2020, 34（4）: 218 – 226.

［32］ LI Z, SHEN H. A hierarchical account – aided Reputation Management system for large – scale MANETs［C］//2011 Proceedings IEEE INFOCOM. Shanghai, China: IEEE, 2011: 909 – 917.

［33］ LAI C, ZHANG K, CHENG N, et al. SIRC: A Secure Incentive Scheme for Reliable Cooperative Downloading in Highway VANETs［J］. IEEE Transactions on Intelligent Transportation Systems, 2016: 1 – 16.

［34］ DIAS J A F F, RODRIGUES J J P C, KUMAR N, et al. A hybrid system to stimulate selfish nodes to cooperate in vehicular Delay – Tolerant Networks［C］//2015 IEEE International Conference on Communications （ICC）. London: IEEE, 2015: 5910 – 5915.

[35] WANG Y, SU Z, ZHANG K, et al. Challenges and Solutions in Autonomous Driving: A Blockchain Approach [J]. IEEE Network, 2020, 34 (4): 218-226.

[36] BUTTYáN L, HUBAUX J P. Stimulating Cooperation in Self-Organizing Mobile Ad Hoc Networks [J]. Mobile Networks and Applications, 2003, 8 (5): 579-592.

[37] Meeran A, Praveen A N, Ratheesh T K. Enhanced system for selfish node revival based on watchdog mechanism [C]//2017 International Conference on Trends in Electronics and Informatics (ICEI). 2017: 332-337.

[38] KOU M, ZHAO Y, CAI H, et al. Study of a Routing Algorithm of Internet of Vehicles Based on Selfishness [C]//2018 IEEE International Conference on Smart Internet of Things (SmartIoT). Xi'an: IEEE, 2018: 34-39.

[39] ZHANG X, BAI X. Research On Routing Incentive Strategy Based On Virtual Credit In VANET [C]//2019 20th Asia-Pacific Network Operations and Management Symposium (APNOMS). Matsue, Japan: IEEE, 2019: 1-4.

[40] ZHU Y, LIU L, PANNEERSELVAM J, et al. Credit-Based Incentives in Vehicular Ad Hoc Networks [C]//2014 IEEE 8th International Symposium on Service Oriented System Engineering. Oxford, United Kingdom: IEEE, 2014: 352-357.

[41] 李峰, 司亚利, 陈真, 等. 基于信任机制的机会网络安全路由决策方法 [J]. 软件学报, 2018, 29 (9): 2829-2843.

[42] WU C, YOSHINAGA T, JI Y, et al. Computational intelligence inspired data delivery for vehicle-to-roadside communications [J]. IEEE Transactions on Vehicular Technology, 2018, 67 (12): 12038-12048.

[43] LI Z, SHEN H. Game-theoretic analysis of cooperation incentive

strategies in mobile ad hoc networks [J]. IEEE Transactions on Mobile Computing, 2012, 11 (8): 1287-1303.

[44] KHAN B U I, ANWAR F, OLANREWAJU R F, et al. A game theory-based strategic approach to ensure reliable data transmission with optimized network operations in futuristic mobile ad hoc networks [J]. IEEE Access, 2020, 8: 124097-124109.

[45] YANG F, YAN J, GUO Y, et al. Stackelberg-game-based mechanism for opportunistic data offloading using moving vehicles [J]. IEEE Access, 2019, 7: 166435-166450.

[46] AL-TERRI D, OTROK H, BARADA H, et al. Cooperative based tit-for-tat strategies to retaliate against greedy behavior in VANETs [J]. Computer Communications, 2017, 104: 108-118.

[47] 刘鹏. 自私性无线节点协作中继的博弈策略研究 [D]. 徐州: 中国矿业大学, 2012.

[48] 张闯. 协作通信中基于博弈论的自私节点激励策略研究 [D]. 哈尔滨: 哈尔滨工业大学, 2016.

[49] 曲大鹏, 王兴伟, 黄敏. 移动对等网络中自私节点的检测和激励机制 [J]. 软件学报, 2013, 24 (4): 887-899.

[50] 闻英友, 赵博, 赵宏. 基于博弈理论的移动自组网激励机制研究 [J]. 通信学报, 2014, 35 (4): 44-52.

[51] 闫建来. 智能网联汽车导论: 第1卷 [M]. 北京: 机械工业出版社, 2019: 162.

[52] IEEE standard for wireless access in vehicular environments (wave)-multi-channel operation-redline [J]. IEEE Std 1609.4-2016 (Revision of IEEE Std 1609.4-2010)-Redline, 2016: 1-206.

[53] 宋彩霞. VANETs 中面向应用的多信道 MAC 协议研究 [D]. 大连: 大连理工大学, 2018.

[54] KENNEY J B. Dedicated short-range communications (dsrc) standards

in the United States［J］. Proceedings of the IEEE, 2011, 99（7）: 1162 – 1182.

［55］ ALALEWI A, DAYOUB I, CHERKAOUI S. On 5g – v2x use cases and enabling technologies: A comprehensive survey［J］. IEEE Access, 2021, 9: 107710 – 107737.

［56］ PERKINS C, ROYER E. Ad – hoc on – demand distance vector routing［C］//Proceedings WMCSA' 99. Second IEEE Workshop on Mobile Computing Systems and Applications. 1999: 90 – 100.

［57］ 陈山枝, 胡金玲. 蜂窝车联网（C – V2X）［M］. 北京: 人民邮电出版社, 2021.

［58］ 陈山枝. 蜂窝车联网（C – V2X）及其赋能智能网联汽车发展的辩思与建议［J］. 电信科学, 2022, 38（7）: 1 – 17.

［59］ SOMMER C, DRESSLER F. 4 – information dissemination in vehicular networks［M］//CHEN W. Woodhead Publishing Series in Electronic and Optical Materials: Vehicular Communications and Networks. Woodhead Publishing, 2015: 75 – 93.

［60］ WISCHHOF L, EBNER A, ROHLING H. Information dissemination in self – organizing intervehicle networks［J］. IEEE Transactions on Intelligent Transportation Systems, 2005, 6（1）: 90 – 101.

［61］ SOMMER C, TONGUZ O K, DRESSLER F. Adaptive beaconing for delay – sensitive and congestion – aware traffic information systems［C］//2010 IEEE Vehicular Networking Conference. 2010: 1 – 8.

［62］ WISITPONGPHAN N, TONGUZ O, PARIKH J, et al. Broadcast storm mitigation techniques in vehicular ad hoc networks［J］. IEEE Wireless Communications, 2007, 14（6）: 84 – 94.

［63］ TONGUZ O K, WISITPONGPHAN N, BAI F. Dv – cast: A distributed vehicular broadcast protocol for vehicular ad hoc networks［J］. IEEE Wireless Communications, 2010, 17（2）: 47 – 57.

[64] RYBICKI J, SCHEUERMANN B, KOEGEL M, et al. Peertis: a peer-to-peer traffic information system [C]//Proceedings of the sixth ACM international workshop on vehicular Internetworking. 2009: 23-32.

[65] RATNASAMY S, FRANCIS P, HANDLEY M, et al. A scalable content-addressable network [J/OL]. SIGCOMM Comput. Commun. Rev., 2001, 31 (4): 161-172. https://doi.org/10.1145/964723.383072.

[66] SOMMER C, SCHMIDT A, CHEN Y, et al. On the feasibility of UMTS-based traffic information systems [J]. Ad Hoc Networks, 2010, 8 (5): 506-517.

[67] CHEN R, JIN W L, REGAN A. Broadcasting safety information in vehicular networks: issues and approaches [J]. IEEE Network, 2010, 24 (1): 20-25.

[68] BARKENBUS J N. Eco-driving: An overlooked climate change initiative [J]. Energy Policy, 2010, 38 (2): 762-769.

[69] VARGA A, HORNIG R. An overview of the omnet++ simulation environment [C] //Simutools' 08: Proceedings of the 1st International Conference on Simulation Tools and Techniques for Communications, Networks and Systems & Workshops. Brussels, BEL: ICST (Institute for Computer Sciences, Social-Informatics and Telecommunications Engineering), 2008.

[70] The network simulator—ns-2 [EB/OL]. [2022-04-23]. http://www.isi.edu/nsnam/ns/.

[71] The network simulator—ns-3 [EB/OL]. [2022-04-23]. https://www.nsnam.org/.

[72] Optimum network performance [EB/OL]. [2022-04-23]. https://opnetprojects.com/opnet-network-simulator/.

[73] SCALABLE Network Tehcnology. QualNet Network Simulation Software [EB/OL]. [2022-04-24]. https://www.scalable-networks.com/

products/qualnet-network-simulation-software/.

[74] INET Framework Development Team. INET Framework [EB/OL]. [2022-04-23]. https://inet.omnetpp.org/.

[75] LOPEZ P A, BEHRISCH M, BIEKER-WALZ L, et al. Microscopic traffic simulation using sumo [C/OL]//The 21st IEEE International Conference on Intelligent Transportation Systems. IEEE, 2018. https://elib.dlr.de/124092/.

[76] KIM S, SUH W, KIM J. Traffic simulation software: Traffic flow characteristics in corsim [C]//2014 International Conference on Information Science Applications (ICISA). 2014: 1-3.

[77] PTV VISSIM Group. PTV VISSIM [EB/OL]. [2022-04-23]. https://www.ptvgroup.com/en/solutions/products/ptv-vissim/.

[78] FEHON K, KLIM T. Modeling active traffic management with paramics [J]. IEEE Intelligent Transportation Systems Magazine, 2010, 2 (3): 14-18.

[79] NAGEL K, STRETZ P, PIECK M, et al. TRANSIMS traffic flow characteristics [Z]. 1997.

[80] OpenStreetMap Foundation. Openstreetmap [EB/OL]. [2022-04-24]. https://www.openstreetmap.org/.

[81] GISGeograph. TIGER GIS Data [EB/OL]. [2022-04-24]. https://gisgeography.com.

[82] SOMMER C, GERMAN R, DRESSLER F. Bidirectionally Coupled Network and Road Traffic Simulation for Improved IVC Analysis [J]. IEEE Transactions on Mobile Computing (TMC), 2011, 10 (1): 3-15.

[83] AMRAOUI H, HABBANI A, HAJAMI A. Effect of selfish behaviour on OLSR and AODV routing protocols in MANETs [C]//2014 Global Summit on Computer Information Technology (GSCIT). 2014: 1-6.

[84] AIFA S, THOMAS T. Review on Different Techniques used in Selfish

Node Detection [C]//2018 International Conference on Circuits and Systems in Digital Enterprise Technology (ICCSDET). Kottayam, India: IEEE, 2018: 1-4.

[85] SILVA B M C, RODRIGUES J J P C, KUMAR N, et al. Cooperative Strategies for Challenged Networks and Applications: A Survey [J]. IEEE Systems Journal, 2017, 11 (4): 2749-2760.

[86] VIJ A, SHARMA V, NAND P. Selfish Node Detection using Game Theory in MANET [C]//2018 International Conference on Advances in Computing, Communication Control and Networking (ICACCCN). Greater Noida (UP), India: IEEE, 2018: 104-109.

[87] LUPIA A, RANGO F D. A probabilistic energy-efficient approach for monitoring and detecting malicious/selfish nodes in mobile ad-hoc networks [C]//2016 IEEE Wireless Communications and Networking Conference. 2016: 1-6.

[88] KYASANUR P, VAIDYA N H. Selfish MAC layer misbehavior in wireless networks [J]. IEEE Transactions on Mobile Computing, 2005, 4 (5): 502-516.

[89] GUANG L, ASSI C. MAC layer misbehavior in ad hoc networks [C]//Canadian Conference on Electrical and Computer Engineering, 2005. 2005: 1103-1106.

[90] JOHNSON D, MALTZ D. Chapter dynamic source routing in ad hoc wireless networks [J]. IEEE Transactions on Mobile Computing-TMC, 1996.

[91] ROSELINMARY S, MAHESHWARI M, THAMARAISELVAN M. Early detection of DOS attacks in VANET using Attacked Packet Detection Algorithm (APDA) [C]//2013 International Conference on Information Communication and Embedded Systems (ICICES). Chennai: IEEE, 2013: 237-240.

[92] SINGH A, SHARMA P. A novel mechanism for detecting DOS attack in VANET using Enhanced Attacked Packet Detection Algorithm (EAPDA) [C]//2015 2nd International Conference on Recent Advances in Engineering & Computational Sciences (RAECS). Chandigarh, India: IEEE, 2015: 1-5.

[93] KIM M, JANG I, CHOO S, et al. Collaborative security attack detection in software-defined vehicular networks [C]//2017 19th Asia-Pacific Network Operations and Management Symposium (APNOMS). Seoul: IEEE, 2017: 19-24.

[94] HADDADOU N, RACHEDI A, GHAMRI-DOUDANE Y. A Job Market Signaling Scheme for Incentive and Trust Management in Vehicular Ad Hoc Networks [J]. IEEE Transactions on Vehicular Technology, 2015, 64 (8): 3657-3674.

[95] PANDEY P. Effect of Selfish Behavior on Network Performance in VANET [C]//2015 Fifth International Conference on Communication Systems and Network Technologies. 2015: 693-697.

[96] IEEE Standard for Information Technology—Telecommunications and Information Exchange Between Systems Local and Metropolitan Area Networks—Specific Requirements-Part 11: Wireless LAN Medium Access Control (MAC) and Physical Layer (PHY) Specifications [J]. IEEE Std 802.11-2016 (Revision of IEEE Std 802.11-2012), 2016: 1-3534.

[97] ERKIP E, SENDONARIS A, STEFANOV A, et al. Cooperative communication in wireless systems [J]. DIMACS: Series in Discrete Mathematics and Theoretical Computer Science, 2004, 66: 22-26.

[98] AL-KARAKI J N, KAMAL A E. Routing techniques in wireless sensor networks: a survey [J]. IEEE Wireless Communications, 2004, 11 (6): 6-28.

[99] NGUYEN V L, LIN P C, HWANG R H. Enhancing Misbehavior Detection in 5G Vehicle-to-Vehicle Communications [J]. IEEE Transactions on Vehicular Technology, 2020, 69 (9): 9417-9430.

[100] GYAWALI S, QIAN Y, HU R Q. A Privacy-Preserving Misbehavior Detection System in Vehicular Communication Networks [J]. IEEE Transactions on Vehicular Technology, 2021, 70 (6): 6147-6158.

[101] GYAWALI S, QIAN Y, HU R Q. Machine Learning and Reputation Based Misbehavior Detection in Vehicular Communication Networks [J]. IEEE Transactions on Vehicular Technology, 2020, 69 (8): 8871-8885.

[102] BUCZAK A L, GUVEN E. A Survey of Data Mining and Machine Learning Methods for Cyber Security Intrusion Detection [J]. IEEE Communications Surveys Tutorials, 2016, 18 (2): 1153-1176.

[103] GUO J, LI X, LIU Z, et al. TROVE: A Context-Awareness Trust Model for VANETs Using Reinforcement Learning [J]. IEEE Internet of Things Journal, 2020, 7 (7): 6647-6662.

[104] ZADEH L. Fuzzy sets [J]. Information and Control, 1965, 8 (3): 338-353.

[105] KLIR G J, ST. CLAIR U, YUAN B. Fuzzy set theory: Foundations and applications [M]. USA: Prentice-Hall, Inc., 1997.

[106] CHEN G, PHAM T T. Introduction to Fuzzy Sets, Fuzzy Logic, and Fuzzy Control Systems [M]. USA: CRC Press LLC, 2001.

[107] BUDA S, WU C, BAO W, et al. Empowering Blockchain in Vehicular Environments With Decentralized Edges [J]. IEEE Access, 2020, 8: 202032-202041.

[108] WU C, OHZAHATA S, KATO T. Flexible, Portable, and Practicable Solution for Routing in VANETs: A Fuzzy Constraint Q-Learning Approach [J]. IEEE Transactions on Vehicular Technology, 2013, 62

(9): 4251-4263.

[109] BOURKE P. Calculating the area and centroid of a polygon [J]. Imperial College London, 1988.

[110] KAMEL J, ANSARI M R, PETIT J, et al. Simulation Framework for Misbehavior Detection in Vehicular Networks [J]. IEEE Transactions on Vehicular Technology, 2020, 69 (6): 6631-6643.

[111] JI B, CHEN Z, MUMTAZ S, et al. A vision of IoV in 5g hetnets: Architecture, key technologies, applications, challenges, and trends [J]. IEEE Network, 2022: 1-9.

[112] AHMED E, GHARAVI H. Cooperative vehicular networking: A survey [J]. IEEE Transactions on Intelligent Transportation Systems, 2018, 19 (3): 996-1014.

[113] SHAN A, FAN X, WU C, et al. Quantitative study on impact of static/dynamic selfishness on network performance in VANETs [J]. IEEE Access, 2021, 9: 13186-13197.

[114] SHAN A, FAN X, ZHANG X. Quantitative study on impact of node selfishness on performance of MANETs [C]//2020 IEEE International Conference on Smart Internet of Things (SmartIoT). 2020: 9-14.

[115] SHAN A, FAN X, WU C, et al. Quantitative study on the impact of energy consumption based dynamic selfishness in MANETs [J]. Sensors, 2021, 21 (3).

[116] WATKINS C. Learning from delayed rewards [D]. London, U.K.: King's College, 1989.

[117] REHMAN G U, GHANI A, ZUBAIR M, et al. IPS: Incentive and Punishment Scheme for Omitting Selfishness in the Internet of Vehicles (Iov) [J]. IEEE Access, 2019, 7: 109026-109037.

[118] CHEN B B, CHAN M C. Mobicent: a credit-based incentive system for disruption tolerant network [C]// 2010 Proceedings IEEE INFOCOM.

2010: 1-9.

[119] LI X Y, WU Y, XU P, et al. Hidden information and actions in multi-hop wireless ad hoc networks [C]// MobiHoc'08: Proceedings of the 9th ACM International Symposium on Mobile Ad Hoc Networking and Computing. New York, NY, USA: Association for Computing Machinery, 2008: 283-292.

[120] ZHU H, LIN X, LU R, et al. SMART: A Secure Multilayer Credit-Based Incentive Scheme for Delay-Tolerant Networks [J]. IEEE Transactions on Vehicular Technology, 2009, 58(8): 4628-4639.

[121] CHEN H, LOU W, WANG Z, et al. A Secure Credit-Based Incentive Mechanism for Message Forwarding in Noncooperative DTNs [J]. IEEE Transactions on Vehicular Technology, 2016, 65(8): 6377-6388.

[122] DONG Y, ZHANG F, JOE I, et al. Learning for Multiple-Relay Selection in a Vehicular Delay Tolerant Network [J]. IEEE Access, 2020, 8: 175602-175611.

[123] SULTAN S, JAVAID Q, REHMAN E, et al. Incentive-Driven Approach for Misbehavior Avoidance in Vehicular Networks [J]. Computers, Materials and Continua, 2021, 70.

[124] DIAS J A F F, RODRIGUES J J P C, XIA F, et al. A cooperative watchdog system to detect misbehavior nodes in vehicular delay-tolerant networks [J]. IEEE Transactions on Industrial Electronics, 2015, 62(12): 7929-7937.

[125] KRAVARI K, BASSILIADES N. DISARM: A social distributed agent reputation model based on defeasible logic [J]. Journal of Systems and Software, 2016, 117: 130-152.

[126] MAGAIA N, PEREIRA P, CORREIA M. REPSYS: A Robust and Distributed Reputation System for Delay-Tolerant Networks [C]//

MSWiM'17: Proceedings of the 20th ACM International Conference on Modelling, Analysis and Simulation of Wireless and Mobile Systems. New York, NY, USA: Association for Computing Machinery, 2017: 289-293.

[127] LU R, LIN X, ZHU H, et al. Pi: A practical incentive protocol for delay tolerant networks [J]. IEEE Transactions on Wireless Communications, 2010, 9 (4): 1483-1493.

[128] HE X, YANG G, ZHANG H. HITM: A Hybrid Incentive Trade Model for Data Forwarding in DTNs [J]. IEEE Access, 2017, 5: 6345-6360.

[129] TIAN Z, GAO X, SU S, et al. Vcash: A Novel Reputation Framework for Identifying Denial of Traffic Service in Internet of Connected Vehicles [J]. IEEE Internet of Things Journal, 2020, 7 (5): 3901-3909.

[130] GYAWALI S, QIAN Y, HU R Q. Deep Reinforcement Learning Based Dynamic Reputation Policy in 5G Based Vehicular Communication Networks [J]. IEEE Transactions on Vehicular Technology, 2021, 70 (6): 6136-6146.

[131] SUN Z, LIU Y, WANG J, et al. Applications of Game Theory in Vehicular Networks: A Survey [J]. IEEE Communications Surveys Tutorials, 2021, 23 (4): 2660-2710.

[132] CHAHIN W, SIDI H B, EL-AZOUZI R, et al. Incentive mechanisms based on minority games in heterogeneous delay tolerant networks [C]// Proceedings of the 2013 25th International Teletraffic Congress (ITC). 2013: 1-9.

[133] LI B, XIE K, HUANG X, et al. Deep Reinforcement Learning based Incentive Mechanism Design for Platoon Autonomous Driving with Social Effect [J]. IEEE Transactions on Vehicular Technology, 2022: 1-1.

[134] LIU J, WANG W, LI D, et al. Role of Gifts in Decision Making: An Endowment Effect Incentive Mechanism for Offloading in the IoV [J].

IEEE Internet of Things Journal, 2019, 6 (4): 6933-6951.

[135] WATKINS C. Learning from delayed rewards [D]. London, U. K.: King's College, 1989.

[136] MELO F S. Convergence of Q-learning: A simple proof [J]. Institute Of Systems and Robotics, Tech. Rep, 2001: 1-4.

[137] CLARK J, AMODEI D. Faulty reward functions in the wild [J]. Internet: https://blog.openai.com/faultyreward-functions,2016.

[138] MARTIN J O, ARIEL R. A course in game theory [M]. USA: The MIT Press, 1994.

[139] DREW F, JEAN T. Game theory [M]. USA: The MIT Press, 1991.

[140] GIBBONS R. A primer in game theory [M]. USA: Prentice Hall, 1992.

[141] FRIEDMAN J W. Game theory with applications to economics [M]. New York: Oxford University Press, 1986.

[142] YANG D, FANG X, XUE G. Game theory in cooperative communications [J]. IEEE Wireless Communications, 2012, 19 (2): 44-49.

[143] MANSOURKIAIE F, AHMED M H. Cooperative routing in wireless networks: A comprehensive survey [J]. IEEE Communications Surveys & Tutorials, 2015, 17 (2): 604-626.

[144] YANG Q, LIU Y, CHEN T, et al. Federated machine learning: Concept and applications [J]. ACM Transactions on Intelligent Systems and Technology (TIST), 2019, 10 (2): 1-19.

[145] SONG C, RISTENPART T, SHMATIKOV V. Machine learning models that remember too much [C]// Proceedings of the 2017 ACM SIGSAC Conference on computer and communications security. 2017: 587-601.